O DIÁRIO DE

TaTi

OBJETIVA

O DIÁRIO DE TaTi

Heloísa Périssé

com a colaboração de Tiza Lobo

OBJETIVA

Quinta-feira, dia 5 de dezembro

Fala sério, a vida te reserva tantas coisas maneiras, que cara, é lance você guardar isso – não só na memória, mas tipo assim, escrevendo mesmo. A partir de hoje eu vou ter mais esse grande amigo na minha vida, que é você, Diário.

Mas cara, Diário é muito formal, eu vou te chamar de Di, afinal de contas, é superfofo você ter "apelidinhos" para seus amigos mais íntimos. E com você, Di, eu vou me abrir completamente, tenho certeza que você vai ser meu grande amigo e que você vai me compreender sempre.

Coisa difícil, pois raramente as pessoas compreendem os adolescentes. Nem pai nem mãe compreendem às vezes. Minha mãe então, nem se fala... É a incompreensão em pessoa. Bom, é verdade que eu também às vezes falo demais e minha mãe não é tão sinistra quanto eu falo, tem mães muito piores por aí. O que eu diria da minha mãe é que ela é mãe. Aquela coisa de "não sai sem arrumar o quarto", "já estudou?", "se não fez isso vai ficar de castigo"...

Pensando bem, na boa, estou tentando aliviar o lado dela, mas não dá não...

A verdade é que mãe é sempre chata, mas a verdade também é que a gente não vive sem elas. Se eu passo dois dias sem ver minha mãe, cara, fala sério, eu já fico morrendo de saudade, mas em compensação, depois que eu encontro, em dois segundos eu já matei a saudade, porque com certeza ela já vem com alguma coisa pra me encher a paciência, ninguém merece.

Já pai é mais tranqüilo, até porque você vê menos. Meu pai é gente boa. Di, você vai pra casa dele alguns dias comigo e você vai ver. Tirando a falta de dinheiro (ele nunca tem dinheiro), ele é supermaneiro. E na casa dele eu fico bem mais à vontade, ele não liga de toalha molhada em cima da cama, deixa eu fazer bagunça no meu quarto, não obriga a ficar lavando louça. O problema dele mesmo é a constante falta de dinheiro, fora algumas namoradas que ele arruma. Tem cada uma, que fala sério! A última que ele arrumou se chamava Anita, ela era colombiana. Tudo bem, a mulher era uma gata, tinha um corpão, mas sabe gente que fala cuspindo? Ainda bem que meu pai só ficou com ela uma semana. Acho que ele ficou com horror dela num dia que a gente saiu pra comer uma pizza e ela começou a falar de boca cheia. Ela já cuspia naturalmente, comendo então era pior, aí ela começou a falar com a boca cheia e voou um pedaço de pizza da boca dela no prato do meu pai. Foi sinistra a parada! Eu não agüentei e tive uma crise de riso.

É isso aí, Di, vou dormir. Já estou nos últimos dias de aula e esse ano foi maravilhoso, foi tão maravilhoso que eu acho que vou ficar de recuperação. Saí muito, conheci muita gente, fui a muito show irado, tipo assim, vivi bem a vida, mas a escola eu realmente...

Mas cara, eu tenho que aproveitar a vida, a hora de bombar é essa. Se bem que eu bombei tanto, que eu acho que vou levar é uma bomba no final do ano. Pode deixar que eu vou te mantendo informado. Tá selada hoje nossa amizade e pra você eu sei que eu posso falar o que quiser que você nunca vai abrir a boca pra falar nada pra ninguém. Boa-noite.

Sexta-feira, dia 6 de dezembro

Como eu te falei, Di, a situação na escola está meio sinistra, parece que eu vou ficar de recuperação mesmo. Bom, claro que não sou só eu, várias amigas vão ficar.

Com certeza a Helena, a Dumbo, a Teti, a Titi vão passar direto. A Bi e a Rô tão perigando e a Letícia Prisco Paraíso Rego, essa talvez até repita. Aí já viu, ano que vem as mães vão pedir pra gente ficar em salas separadas, maior saco. Minha mãe, cara, que parece que lê mente, hoje no café da manhã já veio logo perguntando: " E aí, quando chegam as notas?" Aí eu falei: "Até o final do ano", tipo assim, tentando disfarçar, aí ela falou " Isso é claro, né, Tati, a minha pergunta é, você vai passar direto, né?". Minha mãe é tão direta quando ela quer saber as coisas que, fala sério, ela não me dá nem chance de pensar numa resposta, pra tipo assim, sair da saia justa. Aí eu não falei nada e ela insistiu: "Você vai passar direto, né, Tatiana?" Começou a chamar pelo nome todo, já viu... Aí eu mandei logo: "Mãe, se eu fosse adivinhar, adivinhava os números da raspadinha." Pra que eu fui falar isso, minha mãe seqüelou, começou a me pagar um esporro que quase acabou num castiguinho. Claro que eu fiquei de boca calada, mesmo porque eu já sei que devo ficar mesmo de recuperação e aí o castigo vai rolar, então eu tenho que aproveitar arduamente os meus últimos dias de liberdade.

Cara, dizem que ser adulto é difícil porque tem muita responsabilidade, num sei quê, num sei que lá, mas na boa, ser criança é pior ainda e ser adolescente, então, nem se fala, porque você não é nem adulto, nem criança. Resumindo, você não é nada. Cara, tipo assim, na boa, eu gostaria de poder dar mais opiniões na minha vida, sabia. Tipo assim, chegar e falar, não quero isso, quero aquilo, tipo assim, fala sério. Mas não adianta, minha mãe acha que eu tenho sempre que fazer como ela quer. O que me dá raiva de adulto muitas vezes é que eles esquecem que já foram adolescentes e que eles também odiavam receber ordens, ficar de castigo... eu já sei que eu errei, eu não preciso ficar de castigo. O meu erro já é meu castigo. Claro que eu tô falando tudo isso, porque eu vou tentar usar essas paradas quando minha mãe vier reclamar do boletim, mas eu já sei que não vai adiantar. Poucas coisas me irritam mais do que quando minha mãe diz: "Tati, não é não!" Que pessoa definitiva, fala sério. Hoje em dia essa parada de dois mais dois igual a quatro já era, taí Einstein que veio pra acabar com isso com a teoria da relatividade. Fala sério. Agora, Di, cá entre nós, o que é a teoria da relatividade mesmo?

Segunda-feira, 9 de dezembro

Di, tô louca pra ficar de férias! Não agüento mais acordar cedo, ir pra escola, voltar, almoçar, ir pro balé, ir pro curso de inglês, ir pra aula particular de matemática! Não sei o que me acontece, é como se tivesse uma placa vermelha piscando dentro do meu cérebro dizendo: "Matemática não!", "Proibido aprender matemática !". Agora o pior de tudo é que, embora já esteja de saco cheio, tô sentindo que essas férias não vão rolar. Pelo menos não tão cedo. O que vai rolar mesmo é uma recuperaçãozinha bááááááásica. Fala sério.

E o pior é que eu tô falando sério! E matemática funciona comigo da seguinte forma: toda vez que eu acho que tô começando a entender alguma coisa, aparece alguma outra coisa que bagunça minha cabeça toda!

Fico tentando entender quem inventou a matemática. O que será que esse cara tinha na cabeça? Fala sério! Pra que complicar tanto, cara? E eu fico pensando, se eu quero trabalhar com moda, o que matemática tem a ver com isso? Pra que eu quero saber que "o quadrado da hipotenusa é igual à soma dos quadrados dos catetos"? E pior que a dona Palibanora, olha o nome da sujeita, Palibanora, fala isso com a boca cheia: "Tati, aprenda que o quadrado da hipotenusa é igual à soma do quadrado dos catetos". Eu fico olhando pra ela e pensando, "e daí?". Fora que dona Palibanora deve estar beirando sei lá quantos anos. Ela diz que é 50. Eu digo que ela tem o quadrado de 50, isso sim. Tudo bem, ela é fofa, mas a verdade é que ela devia já estar descansando dos anos de aula que deu.

Dona Palibanora inaugurou a escola, foi a primeira professora de matemática do colégio! O colégio fez 70 anos, e o que me interessa matemática? Se isso servisse pra me ajudar a combinar uma blusa com uma saia, tudo bem, mas não vai me servir pra nada. Eu tenho que guardar minha massa cinzenta para gastar no que realmente precisar! E não contente com dona Palibanora, meu pai e minha mãe ainda arrumaram um professor particular de matemática. Ele é um saco, fala sério! Ele é assim bem mais velho, tem a cabeça toda branca, usa uns óculos fundo de garrafa e passa a aula inteira olhando um livro velho e grosso pra caramba enquanto espera que eu "raciocine". Segundo minha mãe ele vai se ferrar, porque segundo ela eu não raciocino. Aliás, é só o que ela sabe me dizer, "você não raciocina não, garota?".

Cara, fala sério, Di. Minha mãe, quero dizer, meu pai, paga a maior grana pro professor, pro cara me mandar raciocinar? Vou raciocinar em cima do quê, se eu não tenho a menor idéia do que está no papel? Tô começando a achar que quem não sabe é ele. Qualquer dia desses eu vou testar ele, vou responder qualquer coisa, só pra ver qual é. Agora me diz: pra que a gente tem um professor de matemática se ele não explica nada? Quem merece? E o pior, depois, eu fico em recuperação, minha mãe e meu pai ficam furiosos comigo e quem ainda fica de castigo, sou eu.

Ninguém merece ter que estudar matemática, e com um professor como esse, menos ainda. Fala sério.

Terça-feira,
10 de dezembro

Fala sério! Hoje é um daqueles dias em que nada dá certo. Minha tia Clara, amiga de infância da minha mãe, tem um cachorro, que até então eu achava fofo, chamado Alceu. Ela viajou e vai ficar três dias fora e pediu pra minha mãe ficar cuidando do Alceu.

Minha mãe, que é uma prega, não sabe dizer não pras amigas (também só pras amigas, porque pra mim ela diz não com uma facilidade louca), deixou.

Realmente de perto ninguém é normal, nem os bichos. Eu acabei descobrindo vários defeitos do Alceu, coisas que antes passavam completamente despercebidas e eu conseguia até achar ele fofo. Primeiro, o Alceu tem pulga, e não é pouca não. Como eu sei? Digamos que ele passou pulga pra todos os meus bichinhos de pelúcia. Isso só pra começar. Segundo, o Alceu é barulhento, late por tudo, principalmente quando está com fome, e digamos que o bicho tem fome da hora que acorda até a hora em que vai dormir, ou seja, ele além de latir o dia inteiro, ainda come tudo o que aparece na frente dele! Teve uma noite que o prato principal acabou sendo meu despertador, e é claro que de manhã ele não tocou. Aí começou o meu drama. Acordei com a minha mãe aos berros. Aí eu falei pra ela: "Pô, mãe, qual é? Tá a fim de me enlouquecer?" Aí ela falou: "Sabe que horas são, Tati?" Aí eu disse: "Claro que não, eu tava dormindo!" Aí ela gritou: "São sete e meia da manhã!" Aí eu falei: "Maneiro, perdi a primeira aula, me acorda daqui a pouco?" Aí ela me deu um empurrão e ploft!!! Caí da cama.

Fala sério, ninguém merece ser acordado desse jeito. Que culpa eu tenho se o fedorento do cachorro da tia Clara comeu o meu despertador?

Pra falar a verdade, o Alceu ganhou até um pouquinho da minha simpatia com esse gesto de comer o despertador, comecei a ver nele um amigo em potencial, se realmente eu tivesse garantias que ele faria mais coisas desse gênero, de repente, quem sabe, eu até daria força pra minha mãe adotar ele. Levantar cedo, ninguém merece.

✳ ✳ ✳ ✳ ✳

Cara, cheguei na escola atrasadona! Perdi a primeira aula inteira e um pedacinho da segunda. Até

aí normal, eu estava achando que meu dia ia bombar, achei que eu tinha acordado com o pé direito, um dia que começa com você perdendo aula já é bom sinal. Estava achando isso até chegar na sala. Quando entrei, a galera toda me olhou com uma cara, que tipo assim, eu não entendi nada, e ainda pensei: "Caraca, grande coisa, só porque eu cheguei atrasada." Só que não tinha nada a ver com chegar atrasada, e só no intervalo da segunda pra terceira aula é que eu vim saber, porque a Titi me contou tudo, ela disse: "Cara, tá rolando o maior babado! Vou te contar, mas depois, 'abeife the case', ou seja, abafa o caso, lá vai... tão dizendo que você ficou com o Bidu!"

Fala sério, o Bidu é o maior nerdão da escola, tão querendo fazer intriga comigo, e piorzão mesmo é que não conseguimos descobrir quem espalhou o babado. Fiquei malzona... eu pensei que ia poder morrer um dia dizendo que nunca tinha tido inimigos, mas a partir desse comentário... percebi que eu não era tão gostada quanto eu pensava. Havia realmente algo de podre no reino da Dinamarca... Isso vai ser esclarecido mais cedo ou mais tarde. Ah, que vai, vai!

Ih, não está na hora de montar a árvore de Natal?

Quarta-feira, 11 de dezembro

Cara, descobrimos quem tava querendo me derrubar!!! Camila Pessegueiro, a insuportável. Ela tem a maior inveja da minha pessoa. Só porque sou loura, de cabelo liso, magra (às custas de muito sacrifício) e de olhos azuis e ela é morena, de olhos castanhos, cabelos superenrolados e... magra. Ela é magra, muito magra. Sabe aquele magro feio? Não é um magro maneiro. E aquele cabelo enrolado? Fala sério. Ela até tentou fazer alisamento japonês, mas a mãe dela, que não é idiota nem nada, já sabendo que aquilo era caso perdido, não quis dar o dinheiro. Aí o que ela fez? Procurou um alisamento bem barato e aí já viu, né? Ficou tudo espetado, até parece que ela levou um choque! Quando ela chegou na escola, eu não agüentei, zoei muito, e aí a garota seqüelou. Pra completar, ela descobriu que fiquei com o Alex, na festa do Tadeu, e ela é e sempre foi super a fim do Alex. Eu nem nunca quis nada assim com o Alex, mas eu sou uma garota descolada e tinha tudo a ver naquele momento, naquele ambiente, saca? Aí rolou... fazer o quê? Rolou tá rolado, mas ficou só nisso.

Só que... a boca solta da Ondina contou pra escola inteira e claro que acabou chegando aos ouvidos da mocréia e ela ficou muito zangada e quis se vingar de mim. Fala sério, que atitude mais mesquinha, cara! Cara, eu tô num momento em que eu tô precisando curtir tudo o que aparecer na minha frente. O fim do ano tá aí, as provas estão aí e com certeza a recuperação vai estar aí. Foi a Titi quem descobriu pra mim. A Titi é tudo de bom.

Minha mãe teve que levar o Alceu no veterinário. Ele engoliu a pilha do despertador. Agora que o bicho vai pilhar mesmo, ninguém merece.

Quinta-feira, 12 de dezembro

O veterinário disse que o Alceu vai ficar bem, daí ele se animou e comeu a chave da minha caixinha secreta onde guardo todos os bilhetes das minhas amigas e namorados. Todas as minhas lembranças.

Bati no Alceu. Fiquei louca. Do que me adianta uma caixa secreta sem chave? É secreta demais pro meu gosto. E o pior, todas as lembranças de todas as pessoas que eu mais gosto estão lá. As coisas mais secretas da minha vida!

Tem várias fotos iradas, vários bilhetinhos, vários cartões, tem até boletins que eu nunca entreguei. E o pior é que agora, pra ter essas coisas, eu vou sair num preju de qualquer maneira, porque ou quebro a caixa pra ter minhas coisas de volta, ou vou acabar esquecendo de vez tudo que está ali dentro.

Ou as lembranças, ou a caixinha. Alguém merece? Enfiei o cacete no Alceu! Botei goela abaixo dele duas meias, uma sola de sapato e três borrachas. Coisas pra ele ficar bem cheio mesmo e de repente dar uma folga de uns dois dias sem comer nada. Aí lá vem minha mãe, a protetora dos fracos e oprimidos, a única fraca que ela não defende sou eu. Ela falou: "Que é isso Tati? Ele é um cachorro, um ser vivo!" Aí eu falei: "Ele comeu a chave da minha caixinha!" Daí ela disse: "E só por isso você tem que bater no Alceu?" Minha mãe não entende a importância da chave da minha caixinha secreta de bilhetes, melhor dizendo, minha mãe não me entende e o Alceu é um mala!

Tô pensando se eu conto ou não... sobre o b... (já sabe, né?)

Acho que vou contar logo, bem rápido...

Meu boletim chegou!!! Fiquei mesmo de recuperação em matemática e geografia. Estou pensando em pedir a extrema-unção. Meu pai e minha mãe vão me matar!

Se bem que eles não têm motivos, ao contrário, devem levantar as mãos para o céu, ano passado eu fiquei em matemática, geografia, história e química. Esse ano eu só fiquei em duas e pela progressão geométrica, ano que vem eu devo passar direto. Aliás taí, já tô com uma boa argumentação caso eles resolvam tentar me enlouquecer. E na vida tem tantas coisas mais importantes, como por exemplo, o Natal está chegando e já tem árvore de Natal na casa de todas as minhas amigas, menos na minha! Minha mãe diz que tem que comprar uma árvore nova, só que não compra nunca... se ela vier jogar alguma coisa na minha cara em relação às minhas obrigações de estudante, eu também vou dizer que ela não cumpre com as obrigações dela de dona de casa. Pronto, mandei muito.

Sexta-feira, dia 13 de dezembro

Cara, hoje nem foi uma sexta-feira tão 13. É bem verdade que meu dia começou com a notícia de que o Alceu comeu o salto da minha sandália nova.

Parti pra cima dele com tudo. O cachorro ralou peito e se escondeu embaixo da minha cama. Fui e puxei o bicho pelo rabo. Quando vi, o monstro já tava mastigando outra coisa. Imaginei que fosse o salto do outro pé da sandália, abri a boca dele com tudo, mas aí... SURPRESA, ele tava comendo meu boletim. Fechei a boquinha dele e disse: "bom apetite".

Viu? Eu não tinha me enganado. Eu tinha sentido no Alceu um amigo em potencial. O Alceu é tudo de bom.

Sábado,
14 de dezembro

Acordei com minha mãe cobrando o meu boletim. Aí joguei aquela velha história de que ainda não tinham entregue.

Mas seqüelei quando minha mãe disse que ia levar o Alceu para passear. Dei um pulo da cama e disse que eu mesma levaria. Minha mãe não entendeu nada. Eu nunca tinha me oferecido nem pra colocar água pro Alceu. Mas imagina a cena, minha mãe com Alceu na rua, ele faz um pipi aqui, outro ali, cheira um matinho cá, outro lá, daqui a pouco resolve fazer um cocozinho.... aí imagina o cocô que não ia ser! No meio "daquilo" ia sair o meu boletim, com minhas notinhas vermelhas e meus resultados da recuperação. E não ia ter como esconder de jeito nenhum, mesmo porque vermelho no preto sobressai mais ainda. Ai já viu, adeus final de semana. Minha mãe ficou um pouco choquita com a minha atitude, ela não esperava, eu senti. Ela sentiu alguma coisa no ar. Sabe mãe como é, parece que tem um anjo da guarda que fala tudo pra elas. Ela me deu a coleira do Alceu e disse olhando nos meus olhos, tentando sacar alguma coisa: "Olha lá o que você vai aprontar." Aí eu pensei: "Vou aprontar nada, o Alceu já aprontou."

Conclusão, o saldo dessa estória foi totalmente positivo, minha mãe não viu meu boletim, ganhei moral com ela passeando com o cachorro, ou seja, tudo certo... Fala sério.

Domingo, 15 de dezembro

Ninguém merece domingos como os meus. Domingo já é uma parada que ninguém merece, na boa, e hoje foi um dos piores domingos da minha vida.

Tava o maior sol irado e fui pra praia com as minhas amigas já na intenção de encontrar o gatinho que eu tô a fim no momento, aliás eu, a Bi, a Su, a Ro, a Titi, a Quel, a Paulinha...

Já sabe de quem eu tô falando, né, Di? Claro, ele mesmo, o mais lindo, o mais gostoso, o mais perfeito, o ZECA....Ele vai sempre ali, no Posto 10. Ele é assim muito mais velho, supercabeça, maior astral. Com certeza o Zeca já deve ter quase uns 19 anos, se não tiver 19, com certeza tá chegando lá. Ele é muito lindo, muito adulto. E também, Di, como eu te falei, eu tô com sede de viver, porque quando minha mãe der uma olhada no meu boletim, com certeza vai vir uma seca braba aí. Então, por que não aproveitar o sol? Mas em vez do Zeca, quem apareceu? Minha mãe e minha tia Clara que voltou de viagem e vai levar o Alceu e meu boletim embora (Deus é Pai).

Agora fala, alguém merece encontrar com a mãe e a tia no domingo logo no Posto 10? E não é só isso, a tia Clara ainda me trouxe um bloqueador solar fator xyz 60, com baba free, acetato de vitamina E, ou seja, um poderoso kit que bloqueia sua pele e você continua sendo aquela branquicela com charme zero, e junto um chapelão de palha de abas gigantes! Não contente em estar usando um, ela trouxe um pra mim e um pra minha mãe. O chapéu, se é que se pode chamar aquela cabana de chapéu, fez sombra em dois terços da praia quando minha tia chegou. Teve neguinho indo embora achando que o tempo tinha fechado. Aí eu disse: "Que é isso, mãe? Vim pra praia pra ficar morenaça e você quer lançar um protetor 60 em mim?" Aí ela disse: "Minha filha, você tem que se prevenir para o futuro, daqui a alguns anos você vai me agradecer."

Minha mãe, cara, tem um lance com futuro que me pira. Ela não vive o presente, tudo dela é isso: no futuro você vai me agradecer, no futuro você vai ver que eu estava certa. Cara, e se eu não chegar no futuro? É um saco. Mas claro que ela não se toca e começou a ladainha. Porque minha mãe não se contenta em falar, ela quer explicar tudo, encher o saco total! E daí ela falou sobre a camada de ozônio, os raios infravermelhos, o futuro câncer de pele que eu poderia ter... Me encheu tanto que quando me dei conta tava toda besuntada de protetor, com o chapelão e os óculos escuros da tia Clara, que é claro, sacou sua máquina de fotografar e fotografou a "fofa" da Tati...

Enquanto eu estava posando pra foto quem apareceu? O Zeca, claro. Fala sério! Eu parecia turista americana, saca? Eu estava irreconhecível atrás daquele chapéu e daqueles óculos, e o pior é que o garoto veio direto na minha direção. Mas a Titi, que é totalmente brother, sentindo que eu estava numa "robex", ROBEX, com todas as letras maiúsculas, porque com aquela cabana na cabeça e com seis quilos de protetor em cima de mim, eu não conseguia nem me mexer, acabou me apresentando como Mary Jane, uma prima americana dela. Foi a única solução.

Agora falando sério, mãe já é uma roubada, mãe e tia juntas... ninguém merece!

Ainda não temos árvore de natal... mas assim que tivermos eu já tenho dois enfeitinhos que eu vou querer pendurar lá, minha mãe e minha tia.

Segunda-feira, 16 de dezembro

Odeio segundas-feiras! O pior é que vou ter que contar pra minha mãe do boletim! Sabe quando ela vai acreditar que o Alceu comeu meu boletim? Nunca! ROBEX, ROBEX, ROBEX! E o pior do lance é que ainda tô malzona com o lance da praia. Eu não falei tudo como foi ontem. Na verdade nem sei se quero deixar esse dia fatídico registrado.

Eu estava usando o meu menor biquíni, tinha feito uma tatuagem de henna maneiríssima aqui em cima do bumbum, já na intenção total de encontrar o Zeca e tudo isso pra dar em quê? Nada, porque eu nem pude mostrar a minha pessoa pra ele, e o pior é que ele entrou numas de gastar o inglês dele comigo e ficou o tempo todo naquele blá, blá, blá, crente que tava bombando.

Tivemos um diálogo supercabeça, mas pra não dar muita bandeira, fingi que tava com faringite e não podia falar. Foi assim...

Zeca: Hi!

Eu, Tati: Hi

Zeca: What's your name?

Eu: Oh, yes...

Zeca: What?

Eu: (achei que ele não tinha escutado e repeti)
Oh, yes.

Zeca: Where are you from?

Eu: Oh, no, no...

Percebi que o Zeca ficou me olhando como se eu fosse um e.t. A Titi tentou explicar que eu estava com faringite e cara, sinceramente, a Titi é totalmente descolada, mandou um caô pro cara, que nem eu entendi, ela disse: "Pô cara, ela é do Texas!! Veio pra praia doente e tudo, afinal ela não pode perder nada só por conta de uma faringite!" "O que é uma faringite, diante de uma vida pra viver?" Lindo, né?

Resultado da história: acho que o Zeca ficou meio a fim da prima americana da Titi. Ele me convidou pra ir ao cinema à noite. Fiquei malzona! Cara, ele chamou a Mary Jane e não a Tati! Fala sério! Ninguém merece isso. E na boa, antes eu tivesse embarcado na brincadeira.

Se bem que era dia de eu jantar com meu pai. À noite, fui comer uma pizza com ele que, claro, passou o tempo todo dizendo da situação difícil que ele está passando. Aliás nunca vi meu pai dizer, "esse mês eu tô na boa". Hoje em dia eu já vejo o meu pai e vou logo dizendo: "E aí, pai? Tudo péssimo?" Aí ele começa a falar como a vida tá difícil, que ele não sabe mais o que fazer, que ele não consegue sequer vislumbrar uma melhora e sempre é no intuito de acabar dizendo que vai ter que reduzir minha mesada pela metade.

Alguém merece ter a mesada reduzida logo no final do ano? Quando ele souber do boletim vai levar a outra metade, aí mesmo é que tô ferrada...

Acho que tudo de ruim que está me acontecendo é por conta de ainda não termos uma árvore de Natal. Será???

Terça-feira, 17 de dezembro

Cara, acordei com minha mãe fazendo a maior pressão! Ficou sabendo geral que todo mundo recebeu o boletim! A fofoqueira da mãe da Mariana Cunha Pires ligou pra contar como o boletim da filha tinha sido sensacional!

O negócio foi ficando tão feio que eu fui ficando sem opção e lá pelas tantas tive que começar a inventar até doença pra justificar a ausência do boletim. Comecei a inventar que eu estava ficando sem voz. Minha mãe começou a falar sem parar, eu respondia, até que eu comecei a encenar uma tosse sem fim, como um engasgo agudo, e depois disso minha voz sumiu. Na verdade, isso foi um truque que eu aprendi na aula de teatro.

Aí minha mãe se preocupou, claro, mãe sempre se preocupa com besteira, em vez dela se preocupar em me dar uma viagem, ou comprar mais roupa pra mim... me colocou dentro do carro e me levou pra ver o tio Dida. O meu... é duro dizer, pediatra... é mole? Ficamos eu, ela e uma galera de bebês e criancinhas que ficavam puxando minhas tranças o tempo todo, chorando alto, fazendo cocô, ou seja, um verdadeiro saco.

O tio Dida me atendeu (tio é forte, eu sei, mas vamos combinar que é só porque o cara é meu médico desde que saí da barriga da minha mãe) e disse que eu não tinha nada, claro... Então minha mãe perguntou: "Como assim? Ela está muda, não tem voz!" Aí o tio Dida disse: "Bom, clinicamente ela não tem nada, mas como vai essa cabecinha, Tati? Podemos pensar em algo emocional?" Minha mãe fez uma cara de peninha pra mim, daí, eu bem vítima, fiz que sim com a cabeça. Aí minha mãe perguntou: "Como assim emocional? O que está te apavorando, filhinha?" Aí, eu, crente do sucesso, aproveitei que estava na frente de "um estranho" e como eu "não podia falar", escrevi sobre o meu boletim. Cara! Ela só não me matou porque a gente tava na frente de um estranho...

Quarta-feira, 18 de dezembro

Estou de castigo.

Quinta-feira,
19 de dezembro

Continuo de castigo.
Ninguém merece. Ninguém merece. Ninguém merece.
Ninguém merece. Ninguém merece. Ninguém merece.
Ninguém merece. Ninguém merece. Ninguém merece.
Ninguém merece. Ninguém merece. Ninguém merece.
Ninguém merece. Ninguém merece. Ninguém merece.
Ninguém merece. Ninguém merece. Ninguém merece.
Ninguém merece. Ninguém merece. Ninguém merece.
Ninguém merece. Ninguém merece. Ninguém merece.
Ninguém merece. Ninguém merece. Ninguém merece.
Ninguém merece. Ninguém merece. Ninguém merece.
Ninguém merece. Ninguém merece. Ninguém merece.
Ninguém merece. Ninguém merece. Ninguém merece.
Ninguém merece. Ninguém merece. Ninguém merece.
Ninguém merece. Ninguém merece. Ninguém merece.
Ninguém merece. Ninguém merece. Ninguém merece.
Ninguém merece. Ninguém merece. Ninguém merece.
Ninguém merece. Ninguém merece. Ninguém merece.
Ninguém merece. Ninguém merece. Ninguém merece.
Ninguém merece. Ninguém merece. Ninguém merece.
Ninguém merece. Ninguém merece. Ninguém merece.
Ninguém merece. Ninguém merece. Ninguém merece.

Ninguém merece. Ninguém merece. Ninguém merece.
Ninguém merece. Ninguém merece. Ninguém merece.
Ninguém merece. Ninguém merece. Ninguém merece.
Ninguém merece. Ninguém merece. Ninguém merece.
Ninguém merece. Ninguém merece. Ninguém merece.
Ninguém merece. Ninguém merece. Ninguém merece.
Ninguém merece. Ninguém merece. Ninguém merece.
Ninguém merece. Ninguém merece. Ninguém merece.
Ninguém merece. Ninguém merece. Ninguém merece.
Ninguém merece. Ninguém merece. Ninguém merece.
Ninguém merece. Ninguém merece. Ninguém merece.
Ninguém merece. Ninguém merece. Ninguém merece.
Ninguém merece. Ninguém merece. Ninguém merece.
Ninguém merece. Ninguém merece. Ninguém merece.

Sexta-feira, 20 de dezembro

Ainda estou de castigo.

Finalmente minha mãe comprou a árvore de Natal. Ela só deixou eu sair do quarto para ajudar a montar a árvore, coisa que em situação normal eu jamais faria, mesmo porque é um saco ficar montando aquele pinheirinho falso. Papai Noel não existe mesmo, fala sério, mas como eu já não estava agüentando ficar naquele quarto, qualquer coisa que surgisse pra eu sair daquela prisão eu faria, até montar árvore de Natal. Montamos e enfeitamos sem dar uma palavra uma com a outra.

A Titi ligou dizendo que o Zeca apareceu ontem lá na festa do Braga. Não o Cláudio Braga, o Braga, Braguilha, irmão do Pipoca. Ela disse que ele tava um gato! Cara, fiquei péssima! Ou melhor, eu tô péssima! Ninguém merece os momentos que estou passando.

Será que agora, com a árvore montada, tudo vai melhorar?

Sábado,
21 de dezembro

Castigo engorda!!! Engordei dois quilos! Estou há quatro dias deitada na frente da televisão comendo pipoca e biscoito. Enquanto a vida corre lá fora, eu engordo aqui dentro! Por que mãe acha que castigo dá jeito em filho? Ao contrário, castigo dá mais ódio. Quando eu lembro que estou em casa por causa de estudo, eu sinto mais ódio do estudo ainda, me dá menos vontade de estudar...

ME DÁ VONTADE DE MATAR QUEM INVENTOU ESCOLA!

Aliás, quem deve ter sido o prego que inventou escola? Deve ter sido algum daqueles gregos pensadores, que não tinham no que pensar, e ficavam a vida pensando besteira, em vez de irem pegar uma praia, viajar. Em vez de fazerem isso, não, faziam o quê? Ficavam sentados tentando resolver os problemas da humanidade.

Fala sério! E ainda são chamados de "gênios da humanidade". Se eles fossem gênios mesmo, teriam sacado que a humanidade não tem jeito e iriam tratar de curtir a vida.

Otários! Aí vem o outro e diz: "O homem é um bípede implume." E o que eu tenho a ver com isso? No que isso muda minha vida? Pra quem interessa que o homem é essa parada? Saco total.

Cara, ficar trancafiada nesse quarto NINGUÉM MERECE. Muito menos eu! (Vou chorar, pelo menos faço alguma coisa.)

Quinta-feira, 26 de dezembro

Fala sério! Passei o Natal com a família do meu pai. Minha avó, minha bisavó, minhas tias Ivanise, Ivoneide e meu tio Ivanildo. Sacou o drama? Meu pai pira, pois quando eles vêm chegando eu faço iiiiiiiiii, sujou!

Nunca vi nada mais sem criatividade do que ter quatro filhos e colocar todos começados com a letra i. Agora o pior mesmo sobrou pro meu pai, que é Iraldo! Fala sério. Iraldo é pra morrer! Minha vó deveria ter pensado Eraldo, mas como ela era Ivone e meu avô Ivo, e ela já tinha três filhos, Ivanise, Ivoneide e Ivanildo, ela deve ter achado melhor Iraldo.

Sem comentários. Agora, realmente o semelhante atrai o semelhante, pra completar minha mãe não é Isa? Por pouco eu não devo ter sido Itiana, fala sério. Pois é, a mala da minha mãe me mandou pra cá, tipo assim, numa de eu continuar de castigo mesmo, só porque sabe que odeio os natais com o meu pai. Ela não aliviou.

Não gosto de passar Natal na família do meu pai porque, como eu sou a neta mais nova, até hoje eles só me dão boneca, cara. Fora que, como meu pai é bem mais novo que os irmãos, meus primos são todos uns tios. O mais novo podia ser meu avô, tem 27 anos. E minha vó tem uma mania que me irrita, ela só dá de presente sabonete. Cara, eu já poderia ter aberto uma loja.

Agora, minha mãe se deu bem. Foi passar o Natal na casa da tia Clara, lá em Búzios. Eu disse pra ela: "Pô, mãe, sacanagem! Você vai se dar bem e me deixar malzona na casa do papai? Isso é parte do castigo?" Aí ela falou: "Claro que não, né, Tati? Por mim você passava comigo, mas esse ano é ano par. Os anos pares são do seu pai." Aí eu falei assim na lata: "Ah, é? E por que tudo que é programa maneiro só acontece nos anos pares, quando eu não estou com você???"

Porque cara, tipo assim, ela tem poder pra reverter essas paradas, ela é mãe, né, cara. Aí ela ficou assim meio que no vácuo e lançou: "Esqueceu que ficou de recuperação?" Cara, quando ela falou isso, me deu um ódio, eu senti no olhinho dela uma vingancinha. Me deu vontade de ir pra casa do meu pai e não voltar, tipo assim, pra ela morrer de saudades de mim. Se bem que eu é que não agüento ficar sem essa chata muito tempo.

Esse foi um golpe baixo! Mas a verdade sempre vem à tona, e eu descobri que ela tá paquerando o primo da tia Clara que mora lá na Noruega, tipo assim, na verdade ela queria curtir. Nada me irrita mais do que velho que quer curtir a vida. E até parece que vai dar certo. Uma vez eu fiquei com um carinha que morava lá na Tijuca. A coisa foi adiante? Claro que não. A distância acabou com a relação, sacou? Eu aqui, ele lá... e olha que tinha até ônibus direto!

Agora vê se alguém merece um cara que mora lá do outro lado do oceano, do outro lado do mundo, que fala outra língua, tem outros princípios, cara, fala sério! Se ainda fosse o Brad Pitt, tudo bem, o cara podia até morar no Alasca mas, conhecendo minha mãe como eu conheço, eu já imagino o "gatinho" que ele não deve ser. O dia que minha mãe falou que o Silvester Stallone era um gato... caraca, eu ajoelhei nos pés dela e fiz ela prometer que nunca repetiria isso na frente da galera! Cara, Silvester Stallone, saca o nome do cara. E o pior, o cara tem um corpão e uma cabecinha, uma boca torta. Ele realmente é Silvester total, parece um animal! Tô fora. Mas a minha mãe gosta, eu vou fazer o quê...

Vou bater a real do que vai acontecer. Ela vai se apaixonar pelo cara, vai sumir durante o tempo todo que ele estiver aqui e depois vai ficar com a maior dor-de-cotovelo quando ele ralar peito e quem vai ter que agüentar? A reprovada aqui, é claro. E aí que ela não vai querer me tirar do castigo mesmo, não vai querer ficar sozinha. Vamos combinar que ninguém merece ficar cuidando da dor-de-cotovelo da mãe. Mãe com dor-de-cotovelo é um mico...

Sábado,
28 de dezembro

Eu até ia esquecendo de relatar, ganhei um pião da minha bisavó.

Cara, minha bisa tá louca demais! Ela agora entrou numas que eu tô com seis anos e vai tentar dizer pra ela que não é, ela diz que você é que tá louca. O pior é que ela manda minha avó comprar o pião pra mim e ela compra. Até hoje minha vó morre de medo da minha bisa. Meu pai tem medo da bisa, todo mundo tem medo dela... eu me pélo de medo da bisa.

Quando ganhei o pião, pulei no pescoço dela e disse que era tudo o que eu mais queria. Cara, minha bisa é uma figura. Ela tem uns cabelos na cara, tipo uma barba, que espetam pra caramba. Minha mãe diz que isso é coisa da idade. Não sei não, eu fico morrendo de medo de ser hereditário. Minha vó tem cavanhaque e minha bisa tem esses cabelinhos na cara! Cara, fala sério, parece arame. Que genética safada essa da família do meu pai. Bom, a sorte é que eu puxei toda a família da minha mãe. Mas pra falar a verdade, eu já tenho um bigodinho que eu depilo, mas eu nunca falei isso pra ninguém, Di, só pra você.

E a minha bisavó tem um cachorro chamado Oswaldo que era o nome do meu falecido bisavô. Vovô morreu e ela imediatamente comprou Oswaldo pra fazer companhia. E cara, tipo assim, as pessoas ficaram meio chocadas quando minha vó fez isso, menos eu. Aliás, eu não entendi por que ficaram chocadas, minha vó era tão clara, vivia dizendo na cara do meu avô que ele era um cachorro!

A bisa gosta mais do cachorro do que de qualquer pessoa do mundo. É sério, ela aceita tudo dele. Até hoje ele ainda não aprendeu a fazer cocô e xixi na hora e no lugar certo!

Saudades do Alceu...

Segunda-feira, dia 6 de janeiro

Passei o finde cuidando da minha mãe. Não disse que isso ia acontecer? Cara, chegou no maior baixo-astral e na maior ressaca. O tal carinha voltou pra Noruega e ela não se conforma com isso.

Minha mãe parece adolescente. Ela disse assim: "Como é que ele voltou pra Noruega e me deixou aqui?" Aí eu tive que pôr ela na real: "Mãe, ele mora na Noruega, sacou? Ele tem que trabalhar, ele tem a casa dele, os amigos dele. Qual é? Você queria que ele largasse tudo pra ficar aqui com você? Realmente, até parece." E ela me respondeu: "Até parece mesmo." Mas falando isso aos prantos, tipo assim, "não vivo sem esse moleque". Diante disso, tive que ficar muda e concordar com ela. E cara, tipo assim, realmente amor é difícil de se achar, cara. E cara, filosofando mais ainda, se a gente acha um amor, nem que seja do outro lado do oceano, tem que segurar com tudo (TÔ SUPERSENSÍVEL). Outra coisa linda que eu li foi "longe é um lugar que não existe". Sabe que mesmo de castigo, eu fiquei com a maior raivinha do cara? O cara é um babaca! Tô por aqui com ele. Como é que ele larga a minha mãe e volta pra Noruega? Me ocorreu uma parada, será que se eu disser isso para a minha mãe, ela diminui meu castigo?

Terça-feira, dia 7 de janeiro

Acordei hoje pensando no Zeca. Aí, cara, aconteceu uma parada tipo sinistra, o telefone tocou e era Titi, pra me falar de quem? Dele mesmo, Zeca. Ela contou que ele passa o tempo todo pedindo o telefone da Mary Jane pra ela. Isso tá me deixando muito confusa!

Como é que o cara de quem você tá a fim tá a fim de você mesma, sendo que, na verdade, essa não é você na real, você é a outra e essa outra, que é você na vida real, não faz a cabeça do cara? Quem me decifrar esse enigma, sei lá, cara, eu vou reverenciar o resto da vida.

Então minha vida nesse momento está resumida nisso: depois desse tempo todo adorando o Zeca, ele me quer como outra... Acho que vou ter uma puta crise de identidade. Na boa, se um dia eu escrever uma novela e colocar essa história, neguinho vai dizer: "realmente, até parece, só em novela!" Fala sério!

Eu e minha mãe passamos a noite deitadas na frente da televisão comendo pipoca. Maior peninha! Minha mãe quando tá mal fica fofa. Só não posso dizer que ela estava totalmente fofa, porque não me tirou do castigo, mas tipo assim, fez pipoca pra mim, fez brigadeiro. Ela prefere o branco, mas fez o preto porque eu prefiro, coisas fofas desse gênero. Eu tô me empenhando totalmente nas duas recuperações da minha vida. A minha recuperação da escola e a recuperação da minha mãe. Tô dando força total a ela, mas sem interesse nenhum, é porque na verdade é triste ver mãe triste. Mas se de repente em função dessa minha boa ação ela resolver dar uma aliviada no meu castigo, aí é outra história.

Quer saber a verdade? Mãe de bode é a maior roubada!

Quarta-feira, dia 8 de janeiro

Cara, é impressionante como minha mãe é super mal-agradecida! Passei a noite engordando com ela na maior solidariedade, dando a maior força, escutando as lamúrias dela e hoje ela, na maior frieza, me manda pra aula de recuperação de geografia!

Eu disse assim: "Pô, mãe, na boa, me deixa dormir mais um pouco!" Daí ela respondeu secamente: "Pra fora da cama imediatamente!" Tentei atingir o coração dela: "Pô, mãe. A gente ficou até tarde vendo TV por conta da sua dor-de-cotovelo, dá uma aliviada aí." E ela indignada falou: "Tati! Esse jogo é sujo! Chantagem não!" E respondi sem titubear (essa é uma das palavras mais difíceis que eu sei): "Se a chantagem emocional é o que me resta, é nela mesma que eu vou!"

Cara, pra quê? Quando eu tô com sono, não posso sair falando, porque eu falo o que me dá na cabeça, e tenho que confessar que nesse ponto minha mãe tem razão, o que me dá na cabeça geralmente é besteira.

Minha mãe virou bicho! Agarrou minhas cobertas e jogou no chão, agarrou meu travesseiro e jogou no chão, e antes que ela me agarrasse e me jogasse no chão, tratei de sair correndo, me vestir e ir pra aula.

Fiquei magoadona! Pô, afinal eu tinha passado a noite segurando a onda dela pra no final só receber ingratidão! Mas tudo bem, vivendo e aprendendo. É nessas horas que eu penso, mãe é uma só... graças a Deus.

Fui me arrastando pra aula de recuperação de geografia e aquele monte de istmos, penínsulas e mais um caminhão de acidentes geográficos, os quais eu jamais conseguirei decorar, ficaram girando na minha frente, até que não agüentei e dormi em cima da mesa. Fui acordada aos tapas pela Maria Ethelvina, a pior aluna da sala.

Mas sabe que no final foi até divertido, revi vários amigos, comi o hambúrguer da cantina, que eu amo, e ainda por cima sabe quem eu vi? Zeca. Ele apareceu na escola pra entregar o skate do primo dele.

Quando eu tava saindo da escola, ele tava entrando. Cara, travei quando o vi. Aí ele perguntou o que eu estava fazendo lá, aí eu contei a verdade. Sabe o que ele falou? Que ama geografia e se ofereceu pra estudar comigo. Minhas pernas tremeram, eu fiquei sem fala! Amei ter ficado em recuperação!

Como diz meu primo, "há malas que vão pra Belém". Fala sério.

Quinta-feira, dia 9 de janeiro

Realmente, ninguém merece. Acordei hoje e fiz uma descoberta triste.

ME DESCOBRI UMA MONSTRA DISFARÇADA DE MENINA!

Além de estar vários quilos mais gorda, acordei com uma espinha enorme na ponta do meu nariz! Conseqüência daquele brigadeiro que minha mãe fez, só pode ser. Cara, com o que eu tava na cabeça quando aceitei entrar nessa? Minha cabeça seqüelou, cheguei a pensar se isso não era parte do castigo, tipo assim, minha mãe armou essas ciladas pra eu virar esse trubufu, me inibir total e não querer sair de casa. Tipo assim, agora eu é que vou querer ficar de castigo.

Como eu posso ir pra rua assim? E o pior, logo agora que o Zeca se ofereceu pra estudar comigo. Como eu vou sentar com ele e estudar com essa espinha fazendo sombra no livro? Fora que ele vai ter até nojo de me dar um beijinho quando me encontrar. Eu teria, pelo menos. Que mico. E eu não posso nem espremer.

A Fran, minha amiga, espremeu uma espinha uma vez fora de hora, acabou tirando um naco da bochecha, se eu fizer isso corro o risco de ficar sem nariz. Vou me trancar dentro de casa e só vou sair cinco quilos mais magra e com uma pele de bunda de neném. Pode vir minha mãe, meu pai, quem quiser que daqui eu não saio!!! E se eu não vou sair de casa pra nada, isso significa que não vou nem pra aula de recuperação...

Sexta-feira, dia 10 de janeiro

Acabei de voltar da aula de recuperação. Como você pode ver, Di, meus planos de me trancar dentro de casa até emagrecer e sumir com as espinhas foram por água abaixo! Ontem acordei com a minha mãe segurando o despertador novo que ela ganhou de natal do tal norueguês bem no meu ouvido. Alguém merece? Fiquei com mais ódio daquele idiota ainda.

O Alceu já tinha me livrado de um despertador, aí vem esse imbecil e arranja outro, é mole? O bicho toca tão alto que o quarteirão inteiro acorda junto comigo! Acordei no maior susto. Aí minha mãe, que é bem delicadinha, falou: "Pra fora da cama agora!" Aí cara, tipo assim, eu tentei me explicar: "Mãe, eu nunca mais saio de casa enquanto não emagrecer, não sei quê, não sei que lá, nanananan nananan ...." Minha mãe, cara, tipo assim, ficou me olhando e falou assim: "Tá louca? Você acha que eu sou máquina de fazer dinheiro? Então você fica de recuperação, eu gasto meu dinheiro e você ainda quer ficar em casa, por causa de um cravinho no nariz?"

Cravinho é brincadeira. Mãe quando não quer ver as coisas não adianta. Pior que cego que não quer ver é mãe quando não quer ver. E quando o assunto em pauta é o dinheiro dela, é capaz de ter um elefante na frente dela e ela continuar negando, "elefante, onde?", fala sério!

Definitivamente, minha mãe não me compreende, ela acha que não é nada de mais estar na rua com essa fuça. Claro, porque isso não é um rosto, é uma fuça. A sorte é que a recuperação já tá na reta final e o Zeca acabou que nem apareceu na escola. Ainda bem. No fundo fiquei aliviada, não queria que ele me visse assim, senão, ele ia terminar o namoro comigo, mesmo antes de começar.

Agora fala pra mim, por que sou obrigada a fazer tudo que não gosto? Por que tenho que acordar com despertador? Por que tenho que me disfarçar de Mary Jane pro Zeca gostar de mim? Por que não posso comer tudo o que quero sem ficar enorme de gorda? Por que tenho que ter espinhas? Por que tenho que passar pela adolescência? Por que eu nasci? Agora o pior de tudo, por que tenho que almoçar de 15 em 15 dias na casa da tia Ivoneide? Só tem uma conclusão a que eu chego, na minha opinião, só uma coisa é pior que a adolescência... a comida da tia Ivoneide. Fala sério.

Sábado, 11 de janeiro

Hoje acordei com a macaca, tipo assim, a fim de dar um giro de 180 graus na minha vida. Aí fui cheia de gás falar com a minha mãe.

Poucas coisas na vida são piores pra auto-estima de adolescente do que mãe. Sabe o que ela falou? Falou assim: "Quer dar uma mudança na sua vida, começa se tornando uma pessoa organizada. Arruma seu quarto, guarda sua roupa passada..." Aí, claro que ela veio com o golpe final, "e estuda mais, porque é a única obrigação que você tem na vida".

Bom, depois disso, eu realmente não tinha mais nada a dizer e fui meditar a respeito das mudanças e meio que cheguei à conclusão que eu vou continuar mais um tempo como sou.

Semana que vem já começam as provas da recuperação. Com certeza eu vou passar, não tô nem um pouco preocupada, mesmo porque, cara, se eu for reprovada por causa de geografia, tipo assim, vai ser uma parada sinistra. Realmente quem vai achar que deve ficar de castigo sou eu mesma.

Bom, agora meu movimento é outro, já é, tipo assim, começar a pensar o que eu vou fazer quando entrar de férias. Como eu já passei o Natal na casa da minha vó eu não vou precisar ir para lá, aí, de repente, quem sabe... eu iria pra um lugar bem diferente, tipo, Fernando de Noronha, sei lá. O ideal, tipo assim, o meu sonho seria ir para Fernando de Noronha com o Zeca, mas eu já sei que isso vai ser impossível, minha mãe nunca deixaria, ela ia dizer que ele não tem responsabilidade... cara, eu não entendo, como não tem responsabilidade? O cara já tem quase 18 anos, já fez vestibular, já escolheu uma profissão, já sabe o que quer... isso na minha mãe me irrita.

Mas deixa, quando ela disser que vai viajar pra encontrar o tal norueguês, eu também vou embarreirar o lance dela. Quer dizer que ela pode ir pra Noruega, mas eu não posso ir pra Fernando de Noronha, que é bem mais perto? Aí provavelmente ela vai dizer: "Mas eu pago minhas contas." Aí eu vou mandar o golpe final: "Paga com o dinheiro que o papai te manda, se for por isso deixa que eu vou ao banco."

Se bem que isso pode me render mais um mês de castigo...

É, vou ver se vou pro Posto 10 com o Zeca, não é Noronha, mas só de estar com o Zeca, já é um paraíso.

Domingo, 12 de janeiro

Acordei tarde hoje porque fiquei vendo dvd ontem até as seis da manhã.

Cara, eu amo ver filme e quando você está de castigo é perfeito, você fica se imaginando naquelas paisagens lindas. Vi um filme com o Brad Pitt, cara, fala sério, o cara é muito perfeito. Dizem que o amor é cego, mas pra mim o Zeca é a cara do Brad Pitt. Será que eu não estou enxergando direito?

Abri a janela e tava um sol, fiquei imaginando que a praia deveria estar lotada. Todo mundo, tipo assim, todo mundo mesmo, deve estar sentindo minha falta na praia. Quando eu sentei pra tomar café, ainda tentei argumentar com a minha mãe sobre a possibilidade de dar um mergulho, mas ela não me deu nem papo, passou batida. Disse que eu nem começasse o assunto, porque castigo é castigo... claro que castigo é castigo, mas cara... até os presos têm liberdade condicional. Minha mãe nem tchum pra mim. Aí, ela querendo ser a legal: "assim que sair o resultado e eu vir que você passou, eu mesma vou fazer questão de ir à praia comemorar com você", aí eu fui logo mandando: "Pelo amor de Deus, mãe, eu passei um mês sem sair de casa olhando pra você, eu vou precisar de pelo menos dois meses de férias de você."

Eu amo a minha mãe, mas cara, ir à praia com mãe ninguém merece. E minha mãe, se deixar, gruda mesmo. Fico louca pra ver se minha mãe arruma logo um namorado por aqui mesmo pra ela grudar nele e me deixar.

Vou estudar um pouco, eu não vou dar mole de jeito nenhum, porque daqui a alguns dias... vida, aí vou euuuuuuu!

Segunda-feira, 13 de janeiro

Hoje o Zeca foi lá na escola estudar comigo. Tô sentindo uma climéria e depois que Titi apareceu lá e disse que Mary Jane tinha ido embora, eu senti que a barra limpou mais ainda pro meu lado. Ele tão fofo explicando geografia...

Se bem que se ele fosse meu professor, eu só ia tirar zero com ele, porque eu não ia conseguir prestar atenção na aula, só ia ficar olhando pra ele, imaginando a gente em Noronha, ou nos Alpes... ai... tudo que ele falava eu pensava na gente. Ele falava "aqui é o Pico da Bandeira", aí pensava, eu e o Zeca no Pico da Bandeira. Cheguei até a dar a maior bandeira nessa hora, porque eu dei um suspiro tão profundo, que ele me olhou assim, tipo "o que houve?", aí eu me consertei e inventei que eu tenho fobia de altura, que ele falou em Pico da Bandeira, eu imaginei logo a altura da parada, fiquei com medo... aí sabe o que ele fez? Passou o braço em volta do meu ombro e disse "preocupa não, gata, não importa a altura, eu te protejo". Cara, uhhhh, me arrepiei toda.

Ele é muito cabeça, muito sensível... eu fiquei mais apaixonada. Aí ele me falou sobre a Mata Atlântica, sobre o Pantanal, sobre a Floresta Amazônica... cara, eu viajei com ele. Tudo eu imaginava eu e ele, ele e eu... cara, se depender dessa aula, eu já passei, e com dez com louvor.

Sábado,
18 de janeiro

Fiz a prova ontem, cara, ARREBENTEI! Tenho certeza que tirei dez, eu tava supersegura! Depois, conferi o gabarito e não deu outra.

TÔ LIVRE!!!!

Hoje mesmo já vou sair pra zoar com a galera. Aí, claro, eu liguei pro Zeca pra agradecer. Aí ele atendeu. Quando eu ouvi a voz dele, eu gelei, mas segurei e mandei:

"E aí, Zeca, tudo beleza?"

Aí ele: "Tudo beleza, não sei quê, não sei que lá."

Aí eu: "Ah, pois é, não sei que lá mesmo"...

Aí começamos o maior papo cabeça... Aí de repente ele virou pra mim e falou assim:

"Vai fazer o que hoje?" Aí, cara, eu gelei de novo.

Aí eu: "Ah, cara, tipo assim, depende."

Aí tipo assim, eu joguei pra ver o que ele ia falar...

"Você tem alguma coisa legal?"

Aí ele pegou e disse: "Cara, tenho. De repente quem sabe eu não podia passar aí, pra gente levar um lero."

Di, quando ele falou isso, meu coração bateu tão alto, que eu fiquei com medo dele ouvir do outro lado na linha, mas tipo assim, eu mantive, só minha voz que ficou um pouco tremida. Na hora me deu vontade de dizer:

"Claro, vem mesmo, tô te esperando", desligar o telefone e ir pra porta esperar por ele. Mas aí eu lembrei de uma coisa que a bisa me falou: "homem gosta de mulher difícil!"

Aí eu falei: "Olha, eu gostaria muito, mas eu vou dormir cedo."

Senti que o cara ficou bolado, porque tipo assim, todas dão mole pra ele e eu, cara, fui superdifícil. Louca pra ser fácil, mas segui os conselhos da minha bisa. Aí ele falou:

"Amanhã eu te ligo então pra gente fazer alguma coisa."

Aí, eu, ainda nos passos da minha bisa, falei:

"Não, deixa que eu te ligo, um beijo, tchau."

Cara, ele vai me achar muito difícil e vai ficar louco por mim!

É, parece que tudo está indo para os eixos. Passei de ano, vou curtir as férias, o Zeca tá ficando a fim de mim... é, esse vai ser o meu verão, vocês verão!

Terça-feira, 21 de janeiro

MEU MUNDO CAIU!

Só hoje tive forças pra escrever. Tava tudo indo certo, lembra a última vez que eu escrevi? Eu ia passar de ano, curtir as férias, o Zeca tava ficando a fim de mim... e realmente, passei de ano, comecei a curtir as férias, mas o Zeca não tá mais a fim de mim, ele tá namorando a Camila Pessegueiro. Cara, eu quase fiquei louca quando soube. Lembra que escrevi que ele queria passar aqui em casa e eu burra, idiota, disse que não, só pra ser a difícil? Aí ele disse "então eu te ligo amanhã", aí a imbecil disse não de novo, só pra ser a mais difícil das difíceis?

Cara, na sexta mesmo ele ligou pra Camila, que não quis ser a difícil em nada, passou lá e eles já ficaram.

TÔ ARRASADA!!!

O que eu já chorei...

Ontem parecia um enterro aqui em casa, todas as minhas amigas estavam aqui. Tava eu, a Helena, a Dumbo, a Teti, a Titi, a Bi, a Su, a Rô e Roberta Fragoso Pires de Mello e a Julinha Serrado. Todas foram solidárias, mas na boa? Eu trocava todas pelo Zeca!

Cara, também quem mandou eu seguir o conselho logo de quem? Da minha bisa, alguém merece? Minha bisa, cara, é gente boa, mas fala sério, ela não tá nada bem. Está tão seqüelada que outro dia mesmo ela cismou que estava em Lisboa. Só que ela estava em Copacabana mesmo, mas dizia pra todo mundo que estava ancorada no porto e que o casco do navio estava furado e que o material para consertar o navio estava vindo, em outro navio, dos EUA. Só falava com a gente com sotaque de portuguesa! É mole? Aí ela manda eu ser difícil, pronto, eu me ferrei.

Quem manda eu dar papo pra quem está em Copacabana achando que está em Lisboa? Sobrei! Vou chorar mais.

Quarta-feira, 22 de janeiro

Acordei com o olho tão inchado de chorar que minha mãe teve que colocar duas rodelas de pepino nos meus olhos. Fiquei igualzinha ao monstro da Lagoa Negra. Não, e o pior, pensa que adiantou, Di? Eu já tinha chorado tanto que não adiantou nada, aí ela mandou ver umas rodelas de algodão com chá de camomila!

Cara, eu sei que minha mãe só quer ajudar, mas fala sério, ela entrou numas de que o chá iria acalmar meus olhos. E desde quando chá acalma olho, cara? Minha mãe fica tão desesperada quando me vê mal, que ela começa a seqüelar. Fiquei parecendo a noiva do Frankstein. E o pior, continuou sem adiantar nada. Acho que a minha dor é tão profunda que nada vai resolver.

No meio da minha angústia, cara, contei tudo pra minha mãe. Ela ficou tão louca que disse que ia ligar pro Zeca pra falar com ele. Cara, minha mãe é muito impulsiva. Eu pulei da cama e fiz ela ajoelhar, prometendo que não faria isso nunca.

Cara, já imaginou que queimação de filme, minha mãe ligando pro Zeca? "Aí Zeca, a Tati, meu bebê (toda vez que eu tô mal minha mãe fica me chamando de bebê, pra eu ficar mais retardada ainda), tá MAL e quero que você venha aqui, seu moleque."

Imagina o mico? Mico não, o gorila que minha mãe ia fazer eu pagar na galera. Aí, quando eu falei isso, ela achou que eu tava de onda, então, que eu não tava sofrendo nada e que na verdade eu estava era fazendo tempestade num copo d'água.

Fala sério! Fiquei uma fera com a minha mãe menosprezando meus sentimentos. Quando ela ficou toda malzona por conta do tal do norueguês, segurei a maior onda.

A verdade é que minha mãe nunca acha meus problemas realmente importantes, sérios. Ela sempre vem com a mesma desculpa. "Tati, na adolescência tudo é multiplicado, tudo é muito intenso. Na verdade você está sofrendo muito menos do que está pensando!" Di, acho que ela seqüelou! Como assim? Queria entender como minha mãe mede sofrimento.

"Bom, nesse momento você está sofrendo 12 vezes mais do que é necessário." "Agora estou sofrendo três vezes menos do que você."

Que é isso, fala sério, alguém merece? Vai entender mãe! Ou se preocupa demais com uma bobagem como ficar de recuperação em geografia, ou então se preocupa de menos com uma situação delicada como a minha.

Será que ela não entende que meu coração tá doendo? Ou então quer dar a solução dela, sair ligando pro moleque e mandando ver. Aí lá vem ela: "Vamos resolver, vamos resolver." Isso não é resolver, é complicar mais.

Você entende, não entende, Di?

Acho que nunca mais vou me recuperar. Acho não, tenho certeza, fala sério.

Cara, como os dias têm custado a passar, fala sério de novo. Passei o dia tentando me distrair mas não adianta. Um amor verdadeiro como o meu não se recupera assim do dia pra noite. E o Zeca é um amor verdadeiro. Eu já tinha sonhado até em casar com ele, não agora, claro, mas quando estivesse mais velha, com uns 18.

Ai! Não posso nem falar disso que eu começo a chorar. Jamais me recuperarei. O único que pode me tirar dessa situação é Brad. Brad é tudo de bom. Brad é 10! Mas cara, aí já é sonhar demais. Se bem que sonhar nunca é demais e eu posso sonhar com alguém mais rápido de se encontrar, mais possível, tipo assim, Rodrigo Santoro. Pensando bem, tem um monte de outros carinhas que podem me tirar dessa roubada que é estar louca pelo Zeca. E cara, tipo assim, o Zeca nem é isso tudo. A última vez que eu encontrei ele na praia, eu achei ele até bem gordinho. Pior, achei ele magro e com barriga. Sei lá, foi alguma coisa esquisita que eu achei nele. E ele também é meio burro, como é que ele nunca percebeu que Mary Jane e Tati eram a mesma pessoa? Muito sinistra essa parada. Eu fico até pensando, vai ver que ele nem sabe direito quem é a Camila Pessegueiro. Ou até quem é ele próprio. Na boa, eu não mereço.

Quinta, 23 de janeiro

Hoje eu tô superirritada. Pô, acho que a vida tem sido injusta comigo.

Cara, eu sou tão gente boa, me empenho de cabeça em tudo que eu faço e cara, a vida me manda uma dessa. Que roubada. Até quando eu vou ter que conviver com essa dor? Eu já estou há dias assim e não é justo com uma adolescente sofrer tanto por causa de um amor.

A verdade é que eu queria alguém nesse momento que me dissesse palavras de esperança, de carinho, eu sei, minha mãe até tenta, mas não rola. Minhas amigas sempre falam a mesma coisa... minha bisa eu não quero saber o que ela pensa nunca mais... e você também nunca fala nada. Fala sério! Sinto falta às vezes de um diálogo entre nós dois. Só eu falo, você é pior que um analista. Eu tô de saco cheio de você também, Di. SACO CHEIOOOOOOOOO!

Sábado, 25 de janeiro

Desculpa, Di, cara, a última vez que nos falamos eu estava muito nervosa e acabei descarregando tudo em cima da pessoa mais próxima, que foi você. Quero voltar às boas. Pazes feitas? Então, vamos em frente.

Soube hoje que o Zeca brigou com a Camila, mas depois... fizeram as pazes. Sabe que eu nem tô sofrendo tanto mais? Cara, ele quis ficar com ela, fica, paciência. Eu sei que tem vários garotos a fim de mim.

O Pipoca mesmo é um deles. Tudo bem, o Pipoca é meio nerd, mas pelo menos... ele é o maior CDF! Pode me ajudar nas provas, e no dia em que ele tirar aquele aparelho e aqueles óculos ele vai melhorar para caramba. Conheço várias estórias de patinhos feios mesmo, que na adolescência eram horríveis e depois que cresceram ficaram os maiores gatos. Quem sabe não vai ser o caso do Pipoca. Se o Pipoca tirasse o aparelho, tirasse os óculos e prometesse que não ia abrir a boca para contar aquelas piadas sem graça, sabe que eu até ia ao cinema com ele? Ele já me chamou várias vezes. Se o Pipoca além de tirar o aparelho e os óculos não falasse nada e ainda começasse a pegar onda, assim como o Zeca, aí com certeza a coisa melhoraria muito pro lado dele. Agora se ele além disso tudo ainda tivesse o corpo do Zeca, ou pelo menos o sorriso do Zeca, aí, cara, fedeu, eu ficava com ele na hora.

Agora, na boa, Di, sabe quando eu ficaria com o Pipoca com certeza? Se ele fosse o Zeca... fala sério.

P.s.: eu rodo, rodo, rodo, e caio no Zeca.

ZECA, EU TE AMO.

Domingo, 26 de janeiro

Amo o Zeca. Amo o Zeca Amo o Zeca. Amo o

Zeca. Amo o Zeca. Amo o Zeca. Amo o Zeca. Amo o
Zeca. Amo o Zeca. Amo o Zeca. Amo o Zeca. Amo o
Zeca. Amo o Zeca. Amo o Zeca. Amo o Zeca. Amo o
Zeca. Amo o Zeca. Amo o Zeca. Amo o Zeca. Amo o
Zeca. Amo o Zeca. Amo o Zeca. Amo o Zeca. Amo o
Zeca. Amo o Zeca. Amo o Zeca. Amo o Zeca. Amo o
Zeca. Amo o Zeca. Amo o Zeca. Amo o Zeca. Amo o
Zeca. Amo o Zeca. Amo o Zeca. Amo o Zeca. Amo o
Zeca. Amo o Zeca. Amo o Zeca. Amo o Zeca. Amo o
Zeca. Amo o Zeca. Amo o Zeca. Amo o Zeca. Amo o
Zeca. Amo o Zeca. Amo o Zeca. Amo o Zeca. Amo o
Zeca. Amo o Zeca. Amo o Zeca. Amo o Zeca. Amo o
Zeca. Amo o Zeca. Amo o Zeca. Amo o Zeca. Amo o
Zeca. Amo o Zeca. Amo o Zeca. Amo o Zeca. Amo o
Zeca. Amo o Zeca. Amo o Zeca. Amo o Zeca.

Sexta-feira,
7 de fevereiro

Di, cara, te perdi, que loucura! Di, você não imagina a ficha que me caiu nesses dias. Me caiu uma ficha muito louca!

O Zeca não ficou com uma menina qualquer!!!

O Zeca ficou com a Camila, e sabe qual? A Pessegueiro!!!!

CRISE!!!!

Fiquei numa puta crise! Lembra da Camila Pessegueiro, Di? Aquela do alisamento japonês! Como é que o Zeca pode trocar a minha pessoa pela da Camila Pessegueiro?

CRISE!!!   CRISE!!!   CRISE!!!

Passei esses dias todos malzona, Di. Sabe quando a gente se sente assim deslocada de tudo? Ninguém merece. Pois é assim que estou me sentindo. Parece que nasci na hora errada, no tempo errado... no corpo errado! Tão errado que até a Camila Pessegueiro, com aquele cabelo espetado e aquela magreza toda, tirou o Zeca de mim! Ninguém merece! Ninguém merece! Ninguém merece! Ninguém merece tanto, que mesmo que tenha alguém que mereça, ninguém merece. E muito menos eu!

Tá bem que olhando bem pra Camila ela não é assim mal de todo, e sei lá o que a garota fez, parece até que ela ganhou uns quilinhos. Eu soube que ela pegou um personal bombado, o Frajola. Pra falar a verdade, e só pra você (que é pra quem eu conto tudo) é que vou confessar: bem que ficaria mais feliz magrinha daquele jeito, até porque iria poder comer doces e chocolates sem a minha mãe e a balança ficarem no meu pé, e minha mãe é aquela sutileza de um trator, né? "Tati, pára de comer tanto doce! Vai engordar, ficar cheia de celulites e de gorduras localizadas e depois já sabe, não tem dieta que dê jeito, vai ficar horrorosa, as pelancas penduradas"...

Cara, fala sério, é inacreditável até onde pode ir a imaginação da minha mãe. E o pior é que previsão de mãe é sinistro, todas se realizam.

Ninguém merece viver esse pesadelo e ainda mais na minha idade!

Sexta,
14 de fevereiro

TÔ VIVENDO UM PESADELO!!!!!!!!! Di, tô tentando pensar em outras coisas, agir de outra forma, tipo assim, tô malzaça. Fui até conversar com a professora de ioga da minha mãe, que no meio dessa loucura, que não consigo me concentrar em nada, a mulher ainda me manda concentrar no azul. Concentrar no azul, fala sério!

A verdade é que não consigo me recuperar desse amor tão devastador!!! Julieta, Dalila, Isolda, Melanie Griffith... Com certeza nenhuma delas sofreu de amor como estou sofrendo...

Foi por isso, Di, que fiquei tantos dias longe. Achei melhor ficar sozinha, sabe. Eu fiquei tão mal que minha própria mãe me disse assim: "Tati! Você precisa reagir! Vem comer um pouquinho. Você não come nada há dois dias. Assim vai ficar doente. Mamãe fez uma torta de limão pra você!"

Di, você acredita que minha mãe fez uma torta de limão só pra mim? Daí eu disse: "Mãe, resolve! Ou você me manda comer pra não ficar doente, ou diz pra não comer pra não engordar. Assim você enlouquece mais ainda uma adolescente em crise!"

Minha mãe saiu do quarto bolada, dizendo: "Adolescente em crise é uma redundância! Adolescente é a materialização da crise! É a crise em forma humana. Aliás, nem sei se é em forma humana, pois ainda não sei se adolescente é humano!"

Cara, ela não entendeu nada! Esse é que deve ser o tal choque de gerações que ela fala o tempo todo. Choque mesmo. Eu fiquei chocada!

Mas na boa, eu não vou ficar nessa mais muito tempo não. Eu tava me olhando no espelho, eu cheguei a perder uns quilinhos e tô bem gatinha. Tudo bem, essa é a minha primeira grande crise na vida, mas cara, nem tudo tá perdido. Ontem eu fui ao cinema com Titi e quem apareceu lá foi o Maurinho. Ele é muito fofo. Sem que eu visse ele comprou a entrada pra mim do filme, tipo assim, me fez uma surpresa. Eu nem acrê quando eu vi.

A Titi acha que ele sempre foi apaixonado por mim. Ele tem olho verde igual ao Zeca, pega onda igual ao Zeca... ai, lá tô eu falando do Zeca de novo, que saco. Mas tipo assim, o Maurinho toca guitarra, coisa que o Zeca não faz. Sei lá...

Ele me chamou pra ir à praia amanhã, acho que vou. Ele disse que vai me ensinar a pegar onda. Sabe que eu acho que eu vou gostar? É, quem sabe numa dessas ondas, sei lá, tipo assim, rola uma adrenalina tão grande, eu olho pro Maurinho, ele me olha, o céu, o mar...

Sabe de uma coisa, Di, vou apostar nessa idéia. Eu não tenho nada a perder mesmo. O que eu tinha pra perder eu já perdi... que é o

Chega de falar dele.

19 de fevereiro, quarta-feira

Saí com meu pai. Fomos jantar fora. Minha mãe ligou pra ele e pediu pra ele dar "uma de pai" e tentar conversar comigo e tipo assim, me convencer que o primeiro amor é difícil, é sofrido, mas passa... aquelas coisas que ela vem falando. Mas cara, tipo assim, eu realmente já tô desencanada da parada.

Aliás, fui à praia com o Maurinho e foi simplesmente assim, tipo assim, TUDO. O moleque pega muita onda e depois ele ainda ficou sentado na minha canga um tempão. Ele é bem engraçadão, e fofo, e assim... sabe... ele é meio tímido... é, um pouquinho tímido... mas sei lá, eu acho que eu tô começando a sentir uma coisa estranha... assim, sei lá, meio diferente, sabe? Sabe, tipo assim, uma cosquinha na barriga quando eu tô perto dele. Sei lá, eu só posso dizer que foi bom, foi bom...

Eu tenho até peninha da minha mãe. Ela ainda não entendeu que meu pai não entende nada de amor, de coração, de paixão. A única crise que ele entende é a crise econômica do país e do mundo. Agora então que o fofo do Lula ganhou as eleições (Di, ele não é fofo? Cara, tipo assim, eu sou muito apaixonada por ele. Acho o Lula tudo de bom), ele passa o tempo todo tenso, roendo as unhas, achando que está tudo acabado. Meu pai sempre acha que está tudo acabado sempre.

Aí ele, tipo assim, foi começar a conversa. E eu já esperando, tentando adivinhar como ele ia entrar no assunto. Aí ele começou: "Tati, minha filha, já está na hora de você olhar para o mundo com mais seriedade, tipo assim, você está crescendo, e cara, você está virando uma mocinha, tem que saber das coisas da vida, num sei quê, num sei que lá...", e eu ouvindo, aí ele "nananananan, num sei quê, num sei que lá...", e eu ouvindo. Já esperando até ele entrar em assunto de sexo e o caramba. Daqui a pouco eu perguntei:

"Pai, como assim ficando 'mocinha', o que você quer falar com isso?"

Eu crente que ele ia falar sobre amor, ele mandou:

"Ah, minha filha, tipo assim, você tem que economizar mais. Pensar no dinheiro que sua mãe e eu investimos em você." Di, fiquei choquita. Achei que o cara ia me falar sobre "aquelas coisas", o cara entra em assunto de grana!

Cara, ninguém merece passar por uma situação dessas com o pai, pior quando é um pai que nem o meu, mas já que não tinha escolha, resolvi agüentar firme...

E daí ele disparou a falar em como a vida é difícil, como a questão da Arábia Saudita era grave, que o Saddam é um assassino e que o Bush era outro e com o mundo recheado de gente assim não tinha como ir pra frente e cara, não parou de falar nunca mais sobre a Bolsa, o dólar, o Nasdaq e por fim, disse que diante de todas as dificuldades do mundo, paixão de adolescência não era nada, que eu devia mesmo era me preocupar com o futuro e a sobrevivência do planeta!

Fala sério! Nem contei pra minha mãe. Quando eu cheguei em casa, ela veio, "e aí, foi legal com seu pai?", aí eu: "ah, foi", aí ela: "seu pai é o maior cabeça, né?", aí eu pensei: "cabeça não, meu pai é o maior mão. Mão de vaca, só pensa em dinheiro, fala sério".

Seqüelei!!!

21 de fevereiro, sexta-feira

Acho que estou melhor hoje. Ninguém merece passar os dias que eu passei. Tive uma overdose de Zeca, Camila Pessegueiro e meu pai.

Di, tenho que confessar só pra você: eu sofri! Sofri muito, Di. Não conto isso nem pra minha mãe (se bem que você sabe né, Di, acabo contando todos os casos pra minha mãe).

Depois daquele jantar aterrorizante com o meu pai, naquele dia, depois que saímos do restaurante, eu nem ia comentar isso com você, porque eu nem queria que isso ficasse registrado, mas resolvi encarar e te contar. Naquele dia sabe quem eu encontro no meio da rua? O Zeca com a monstra da Camila Pessegueiro. Meu coração quase parou! Fiquei malzona.

Cheguei em casa, me joguei na cama e chorei muito, Di. Chorei como há muito tempo não chorava. Cara, nem sabia que a gente podia chorar assim. Acho que esvaziei meu reservatório de lágrimas por um bom tempo... eu simplesmente não conseguia parar. Cheguei a pensar coisas horríveis. Fiquei desejando que o Zeca furasse a mão naquele cabelo espetado. Comecei a bolar um plano pra tirar umas fotos dela quando ela fosse alisar aquela palha e colocar na internet. Cheguei a pensar em pegar dinheiro emprestado pra fazer um out-door da foto, um só pelo menos, e colocar em frente à escola.

Minha mãe ficou apavorada. Me deu água com açúcar, chá (odeio chá), me deu um monte de beijos melados... arghhh (se bem que eu gostei um pouco), ligou pro meu pai e deu o maior esporro:

"Carlos Antônio! Como é que eu te entrego uma filha num estado 'meio que pro mais ou menos' e você me devolve uma filha em 'péssimo estado'? O que você fez com ela Carlos Antônio?" Cara, minha mãe fica tão doida quando me vê assim, que ela parece que seqüela de vez. Na hora que meu pai foi explicar, eu só ouço ela falando: "Não fala nada! Não quero nem ouvir o que você tem pra me dizer... Aliás, Carlos Antônio, por isso que nós nos separamos. Pela sua incapacidade de tratar dos assuntos mais delicados. Maldita a hora em que achei que você podia ajudar sua filha, Carlos Antônio! Quieto! Nem mais uma palavra! Não quero ouvir! Você faz o estrago e eu que tenho que consertar, não é mesmo, Carlos Antônio? Tchau, Carlos Antônio!"

E desligou com tanta força que quebrou o aparelho de telefone do meu quarto. Fiquei mal!!! Sabe o meu aparelho em forma de boca cor-de-rosa que eu comprei na Disney, quando eu fui? Pois é. Ninguém merece. E eu nem tive forças para brigar com a minha mãe. E pior, eu fui levar para consertar e o chinezinho da importadora falou: "Sem conserto, no."

Minha mãe tem mania de ligar pro meu pai e brigar sozinha com ele. Na verdade não é nem que ela brigue sozinha, ela nem dá tempo pra ele responder nada. Minha mãe com raiva fala literalmente sério. Ela liga pra ele, ela pergunta, ela mesma responde, ela conclui o assunto e desliga o telefone. O cara não tem nem tempo de dizer oi. Eu fico até com peninha do meu pai, que no fundo morre de medo dela. Eu também tenho um pouquinho de medo dela, mas só quando ela está muito brava, caso contrário, eu enfrento mesmo. Meu pai diz que eu tenho o gênio dela. É verdade que meu pai é bem mais calmo. Ele é assim, como o Maurinho.

Aliás, o Maurinho me escreveu um bilhete e deixou na minha caixa de correio. Ele é realmente fofo. Ele disse que sentiu minha falta na praia e mandou eu ligar para ele. Maurinho é superprofundo. Ele assina assim: Mauro, o bom. Porque ele diz que, tipo assim, ele é bom, e Mauro começa com Mau. Então, pras pessoas não associarem ele com uma pessoa má, ele põe Mauro, o bom. ELE É MUITO CA-BEÇA.

22 de fevereiro, sábado

Di, você não imagina, eu e minhas amigas vamos acampar. As mães todas deixaram, você acredita? Cara, vai ser demais. A mãe da Bia que convenceu todas as mães. A minha, claro, tentou ser a mãe zelosa e fazer o papel oposto de convencer as mães a não deixarem. Mas a pressão foi tão grande que além de todas deixarem, minha mãe teve que deixar também. Tudo bem, é no camping do tio da Bia, vão três barracas. Vai eu, a Bi, a Su, a Rô, Teti, a Titi, a Lívia de Andrade Martinelli Braga e a Rita de Cássia Gomes Sampaio. Cara, vai ser D+!

A gente vai na segunda à noite e volta só na outra segunda. Minha mãe, que é a maior urubulina, tá dizendo que eu não vou agüentar.

EU SÓ VOU AGÜENTAR!

Não só vou, como ainda vou querer ficar lá. De repente até morar. Eu tenho tudo a ver com mato. Eu não me lembro, na verdade, nenhuma vez que eu tenha ficado no mato assim, mas eu tenho certeza que eu tenho tudo a ver! Eu amo a natureza. Agora o mais irado de tudo...

É QUE OS MENINOS TAMBÉM VÃO.

Claro que eles vão ficar em barracas separadas. Vão ficar três meninas em cada barraca. De garoto vai o Pedro, o Tuca, o Pipoca, o Daniel Lima, o Daniel Ferreira, o Pedra, o Bafo, o Toca e o... Maurinho.

É, o Maurinho vai. Cara, eu nem sei quem chamou ele, só sei que ele vai. O Maurinho é superviajado e eu sei que ele entende tudo de acampamento, porque ele já acampou umas duas vezes. E tipo assim, ele sabe fazer fogo com pedra, que ele me contou. E ele, quando acampou, dormiu sozinho na barraca. O Maurinho é supercorajoso, assim. Ele não tem medo de nada. Ele tem no chaveiro dele um canivete que, tipo assim, ele sabe usar muito. Um dia na escola, ele descascou uma laranja com o canivete. Então, cara, se tipo assim, faltar comida no acampamento, a gente pode arrumar umas frutas e ele descasca. E todo mundo tá assim na onda de curtir a natureza mesmo. A gente não quer nem levar comida, pra chegar lá e ter que ir à luta mesmo, atrás de fruta, folhas... uma coisa bem mato mesmo. Claro que as mães não estão querendo deixar, mas aí a gente já combinou tudo, a gente finge que leva, mas não leva. A Su tá armando com a prima dela, que é voluntária num orfanato, e a gente vai mandar toda a comida pra lá!

Ah, Di, é importante a gente aprender a se virar, a vida é cruel e nós temos que passar experiências nas nossas vidas.

Cara, eu tenho certeza que vai ser D+!!!

Você sabe que eu tenho medo de dormir sozinha às vezes, mas com toda essa galera lá, vai ser mole. E qualquer coisa, eu faço uma visitinha à barraca do Maurinho, tenho certeza que se a gente precisar de uma força ele não vai dizer não.

Terça-feira, 25 de fevereiro

Di, chegamos ontem no acampamento. Não conta pra ninguém, mas eu até chorei um pouquinho de saudade da minha mãe.

Ah, o que eu posso fazer, ela é chata, mas é minha mãe. Ela ficou com o olho cheio d'água, pra variar fez mil recomendações... no final eu já estava doida que ela fosse embora logo.

Mico mesmo foi a mãe da Teti, que colocou na mala dela um ursinho de pelúcia. A galera quase morreu de rir. Neguinho zoou muito ela. E o pior é que ela só dorme com ele mesmo. Eu ri dela, mas também trouxe meu travesseirinho. E depois outras coisas começaram a aparecer. A Bia trouxe a boneca de estimação dela, a Titi a blusa da mãe... coisas assim. Pelo visto os garotos também trouxeram suas coisinhas de estimação. Mas sabe como são garotos. Garotos não choram e têm que ser fortes.

Aqui está a maior aventura! Doamos toda a nossa comida. Estamos em clima de filme mesmo. Lutando pela sobrevivência...

Muito irado, muito irado!!!

Pra falar a verdade, eu estou com um pouco de fome agora, mas cara... a vida é assim, nem tudo são flores e como a gente aprende na aula de religião, nem só de pão vive o homem. Eu vou agüentar. Aqui é muito lindo. Tem vários trailers, várias barracas, de vários tamanhos. Tem gente da Argentina, da Venezuela... tem gente até dos Estados Unidos. Tem um garoto lindo da Califórnia.

Esse camping tem uma praia em frente. Aí, o Califórnia e o Maurinho foram pegar onda. O Maurinho arrasou! Ele mandou muito. O moleque é muito bom. O Califórnia, tipo assim, achou que como era da Califórnia ia arrebentar... Que nada! O Maurinho pegou todas as ondas e deixou o moleque a ver navios.

Maurinho tem o maior estilo, sabia? Por exemplo, eu só não tô morrendo de fome agora porque ele me deu duas mangas para comer. E ele que pegou pra mim. Subiu na árvore e tudo. A Su tá a fim dele. E acho que a Rita também tá. É só eu ficar a fim de um cara que a galera fica a fim do mesmo cara, é mole?

Todo mundo diz que ele é a fim de mim. Acho que tipo assim, ele gosta muito de mim, como eu gosto dele, mas como amiga, sabe? A gente é tipo irmão.

O Pipoca que continua a fim de mim. Mas ali não rola nada. Eu até gosto dele como pessoa, mas sei lá, quando ele abre a boca... eu fico com ódio. Ele não fala nada que valha a pena. O Maurinho não, conta piada engraçada, fala coisas supercabeça...

Di, eu vou te contar uma coisa, SÓ PRA VOCÊ, quando me disseram que a Rita e a Su estavam a fim dele... bom... eu... bom... eu fiquei com um pouquinho de ciúmes sim. Mas não porque eu tô a fim dele, eu não tô, mas é porque eu e o Maurinho, a gente tá muito amigo, sabe. A gente se fala no telefone todos os dias, pelo menos umas, sei lá, 20 vezes, diz minha mãe. A gente vai ao cinema junto, à praia, ele senta perto de mim na escola, fica comigo na praia. Se ele começar a namorar, ele não vai mais fazer essas coisas comigo, né? Bom, mas deixa... nossa, meu estômago roncou tão alto agora que eu levei até um susto. Eu vou dormir pra esquecer a fome. Até amanhã, dorme bem.

26 de fevereiro, quarta-feira

Di, fui comida pelos mosquitos essa noite. Cara, que roubex. Fiquei desesperada. E o calor! Fala sério. Ontem a noite foi bem mais tranqüila, mas tudo bem, aventura é aventura e tem seu lado maneiro. Acabamos levantando às 5h30 da manhã porque ninguém agüentava mais ficar dentro das barracas. Aí saímos em busca de alimentos.

Adivinha o meu café da manhã? Manga. Ainda bem que eu gosto de manga. Comi três mangas. Aliás, só eu não, todo mundo comeu manga de café da manhã.

Já é o terceiro dia que estamos aqui. Estamos aproveitando bem as férias. Daqui a pouco as aulas vão começar e a gente vai ter um monte de coisas para contar.

Isso que adolescente deve fazer na vida: aventura. As escolas deveriam revolucionar seus métodos de ensino e a gente deveria partir pra prática. Seria muito melhor aprender física ao ar livre, matemática ao ar livre, geografia viajando... cara... tá sendo demais.

No almoço comemos banana. O Maurinho disse que ia se embrenhar pelos matos que tem aqui atrás do camping pra ver se ele achava alguma caça, tipo assim, algum animal mais ou menos selvagem. Se embrenhou, mas não achou nada, aí jantamos manga. Na verdade eu nem jantei, porque como eu sei que o que eu vou tomar de café da manhã é manga, eu guardei a vontade para amanhã. Eu não me arrependo de termos doado nossas comidas, afinal de contas, aventura é aventura... e cara, é isso aí... meu estômago roncou alto agora. Vou dormir, porque amanhã com certeza tem mais aventura. Sinistro!

27 de fevereiro, quinta-feira

Cara, que loucura!!!

A Rô tá com a maior queimadura de sol. Tá todo mundo bolado! A louca não dormiu à noite por conta dos mosquitos e acabou dormindo na praia durante o dia. Sabe aquele sol do meio-dia? Pois foi bem esse que ela encarou. Claro que a gente olhava pra ela e achava que estava um pouco demais, mas como ela tem o maior cuidado com o peso, com o cabelo, com a pele e etc., neguinho achou que tudo bem, que ela sabia o que estava fazendo. Pra quê! Tá que não pode encostar em nada. A cara dela inchou tanto que o olho da pobre ficou lá no fundinho...

Comemos manga no café da manhã. Vou te confessar uma coisa, manga está começando a me encher o saco. Mas eu tenho noção que isso é uma aventura. E como aventura é aventura, tudo bem, eu não vou reclamar. A parada é manga? Demorou!

28 de fevereiro, sexta-feira

Hoje acordei um pouco revoltada, por alguns motivos. Primeiro, esse mato em volta do camping não está com nada. Não tem um animal nem mais, nem menos, nem mais ou menos selvagem. O que sei é que meu estômago grudou nas minhas costas. Se eu ouvir a palavra MANGA, eu não sei o que eu sou capaz de fazer, mesmo porque ontem o Pipoca, de tanta manga que comeu, vomitou na barraca e a barraca ficou com aquele cheiro de vômito de manga... mas por outro lado, eu não posso dar bandeira e deixar a galera saber que estou começando a achar que bom mesmo é a minha caminha, meu ar condicionado, meu café da manhã com pão quentinho que a minha mãe apronta pra mim. Cara, que saudades da minha mãe!!!! (Não conta pra ninguém, hein, Di.)

Comemos manga no almoço e no jantar e tive que comer sem gritar porque era manga, ou nada...

Di, acho que eu quero ir pra casa!

CHEGA, CHEGA, CHEGA, CHEGA!!!!!!!!!!!!! NÃO AGÜENTO MAIS.

NÃO AGÜENTO MAIS ACAMPAMENTO, NÃO AGÜENTO MAIS MOSQUITO, NÃO AGÜENTO MAIS PASSAR FOME, NÃO AGÜENTO MAIS SOL E PRINCIPALMENTE

NÃO AGÜENTO MAIS MANGA!!

Cara, Di, tomei um horror tão grande de manga que eu não posso mais ouvir a palavra, você acredita? Cortei. Mas cortei geral. Nunca mais na minha vida eu quero manga, suco de manga, bala de manga, sorvete de manga, torta de manga. A única manga que vai continuar na minha vida é a minha amiga, a Paula Manga.

22 de fevereiro, sábado

Tivemos que voltar correndo pra casa!

A Rô começou a ficar esquisitona! Inchou pra caramba e ficou quentona. O Maurinho, que é supercabeça, diagnosticou: queimadura com insolação. Sinistro!!!

Isso sim, foi a maior adrenalina. Tivemos que improvisar uma maca com artigos da floresta, tipo gravetos, cipó, pedaços de galho... tipo assim, um empreendimento supersério! Me senti superútil, Di.

Sabe, tipo assim, você realmente ajudar a quem precisa numa hora de desespero é muito maneiro, porque cara, a vida é isso, estender a mão e segurar na mão (esse acampamento me deixou superprofunda). E foi assim. A galera toda unida em prol de uma causa. A Rô ali, jogadaça, queimadaça, inchadaça, abraçada com seu elefante de estimação, cara, uma cena superlinda e a gente ali, na maior batalha pra salvar nossa amiga. Que sensação, Di. Você não tem noção!

O Maurinho que chefiou a operação salvamento. Dava as ordens e nós obedecíamos. O cara literalmente manda muito bem. O Califórnia entrou numa de ajudar e se atrapalhou todo, porque ele não entendia uma palavra de ordem do Maurinho, mas tipo assim, empenhado em entender, sabe? Deu a maior peninha, ele ficou tristão quando a gente foi embora.

A mãe da Rô tava desesperadaça quando a gente chegou e minha mãe, claro, dizia assim: "Eu falei, mas ninguém quis me ouvir. Não podia dar certo esse bando de crianças sozinho no meio de uma ilha deserta." E eu falava: "Que ilha deserta, mãe? Um camping com a maior galera se espremendo naquelas barracas..." E ela continuava: "Não adianta, Tati. Olha aí no que deu. Presta atenção nessas olheiras! E esse cabelo?"

Cara, minha mãe é muito exagerada, fala sério.

Tenho que confessar que agora que eu estou na minha casinha, eu posso ser sincera, natureza o caramba! Cara, na boa, muito cá entre nós, abafa o caso, mas a Rô mandou muito bem arranjando essa insolação, brother! Cara, demorou! Mas demorou mesmo, ela poderia ter arrumado logo no segundo dia de acampamento. Aventura, nunca mais. Bom mesmo é esse quarto cheiroso, gostoso. Realmente dessa vez minha mãe acertou em cheio. Cara, vida urbana e civilização... **TODO MUNDO MERE-CE!!!**

3 de março, segunda-feira

Di, você nunca viu minha mãe quando encontra as amigas de escola dela, viu? E nem queira ver, é MICO. M-I-C-O!!!

Cara, tipo assim, fala sério: é muito louco. Aquelas mulheres de mais de 30 anos... Di, mais de 30!!! Então, elas se juntam e ficam todas com 15, é mole?

Todo mês rola o jantar das amigas de escola, cada vez na casa de uma delas, ontem foi aqui em casa. Lembra da tia Clara, do Alceu? É dessa turma. Tem também a tia Branca, que é uma ex-hippie, ex-punk, ex-junkie, ex-clubber, resumindo, ex-tudo. Só que depois que teve um filho, virou a criatura mais careta desse mundo. Parada sinistra. Saca aquela mulher que se você falar um palavrão na frente do filho dela de 12 anos tem uma síncope nervosa? Por isso o filho dela é o maior nerdão, coitado. Pois essa é a tia Branca.

Tem também a tia Cláudia, que acha, aliás, que acha não, que tem certeza de que ainda tem 15 anos. Essa é totalmente seqüelada. Faz balaiage nos cabelos; malha tão enlouquecidamente, que, fala sério, parece que é a última coisa que vai fazer na vida. E as roupas que ela usa pra malhar, cara, sinistro, nem eu uso! Quando eu vejo ela na academia eu finjo que nem conheço. Cara, ela é toda metida a querer ser minha amiga. Ela vem, "e aí, Tati? Beleza?", tipo assim, se enturmando? Se enturmando não, querendo se enturmar. Ela é do tipo que já fez várias plastiquinhas: plastiquinha no queixo, plastiquinha no canto do olho, plastiquinha no papo; quando ela não tinha mais onde inventar, ela inventou uma plastiquinha no joelho. Agora me diz, pra quê? Só se for pro joelho ficar quadrado! Já trocou o tamanho dos peitos três vezes! Já foi P, M e G. Tá pensando agora em pôr um GG. Cara, a tia Claudia realmente ninguém merece.

E tem a tia Tita, que já casou e separou três vezes e tem um filho de cada casamento. Um louro, um moreno e um ruivo. E pensa que ela vai parar por aí? Já tá indo pro quarto casamento e, conseqüentemente, pro quarto filho. Tô falando sério!!!

Cara, esse negócio de casamento é muito complicado. Fora o que as pessoas mudam fisicamente com o passar dos anos. Por exemplo, meu pai quando casou com a minha mãe era o maior gatinho. Hoje em dia ele é o maior "gastinho". Tem uma barriga, que ele chama de "barriguinha", só porque ele quer, aqui dos lados não tem mais cabelo, fora que está sempre duro! Isso me dá um medo. Medo assim de comprar um gato por lebre, sabe? Por exemplo, vamos analisar o Maurinho: alto, sarado, cabeludo... baseado nisso, eu até posso prever um futuro menos tenebroso pra ele! Mas sei lá... às vezes eu fico choquita com a minha mãe. Ela que está sempre tão preocupada com o futuro, como ela não se tocou que o futuro do meu pai ia ser esse? Fala sério, ninguém merece!!!

Bom, aí, Di, que elas passaram a noite inteira falando sobre todos os assuntos do mundo. Caraca, como mulher fala. Elas falam delas, da vida das outras. Das que estão presentes, das que não estão. Falam de assuntos que já falaram... o negócio é falar. Teve uma hora que estavam falando TODAS ao mesmo tempo, ninguém se ouvia. E você acha que elas ligavam? Cara, muito sinistro, elas não estavam nem aí. O negócio era falar. Aí, claro né, como não poderia deixar de ser, começaram a falar de homem! Minha mãe falou do norueguês, mostrou foto, cartas, e-mails. Até aí tudo bem, mas quando ela começou a chorar, cara, não acreditei. Minha mãe não pode tomar prosecco, né? Ela fica chorando por tudo, dá a maior vergonha. Eu saí da sala. Saí também porque a tia Cláudia começou a enumerar os namorados dela, e eu queria dormir antes das cinco da manhã.

Depois dizem que adolescente que é boba, sonhadora, fantasiosa. Sabe qual a conclusão que eu tiro então? Mulher não sai da adolescência nunca! Fala sério!

5 de março, quarta-feira

Tô morta! Fui comprar meu material escolar com minha mãe. Cara, que sufoco, só minha mãe mesmo pra me armar uma parada sinistra dessas. Eu ainda falei pra ela: "Aí, mãe, tá o maior sol, maior calor, vamos fazer as compras mais tarde, quando o sol estiver baixando." Eu já tinha combinado de ir à praia com o Maurinho e tudo. Eu ia ter aulas de surf. Mas minha mãe não é mole não. "Tem que ser agora! As aulas vão começar daqui a uma semana e precisamos fazer pesquisa de preço."

Aí seqüelei legal: "Como assim, pesquisa de preço?" Fala sério, a essa altura do campeonato pesquisar preço! Aí pronto, a outra me leva pro Centro da cidade... se liga nessa, CENTRO DA CIDADE, um sol de 53 graus na sombra, e as duas patetas, eu e minha mãe, fazendo pesquisa de preço.

CARACA, NINGUÉM MERECE!

Mas cara, ninguém. E vai dizer isso pra minha mãe? Ela primeiro não deixa você falar, segundo, ela te arrasta de uma forma que quando você vê, já era.

E minha mãe é assim, quer comprar nessa papelaria a borracha, os lápis e as canetas. Aí quer voltar pra outra papelaria onde os cadernos são mais baratos. Aí quer voltar em outra, onde os livros são mais baratos... e por aí vai. Cara, eu não acrê. Será que ela não vê que a gente pode ter uma insolação braba e desidratar de maneira irreversível? Aí o que economizou nos livros, gasta no hospital.

Ninguém...

P.s.: Ah, já ia esquecendo, como não podia deixar de ser, tinha que acontecer alguma coisa, né? Senão, não seria um dia "Tati".

Estávamos lá derretendo, eu e a minha mãe, esperando o sinal fechar, quando de repente eu olho pro lado e quem estava se sacudindo que nem um doente, com o fone de um disc-man num ouvido e o outro fone gentilmente cedido à fofa da sua namorada? O Zeca!

Cara, gelei geral. Zeca e Camila Pessegueiro se sacudindo juntinhos, iguaizinhos, praticamente em uníssono, ali, do meu lado, e eu, do lado da minha mãe. Olha só que posição inferior!

DEPRESSÃO

Mas sabe o que foi maneiríssimo? Meu coração deu assim uma ensaiada que ia disparar, mas acalmou legal. Pude olhar aquela cena e achar ridícula!

Nem acreditei, mas me senti totalmente livre!!!

Di, me curei total do Zeca!!!

6 de março, quinta-feira

Hoje a galera toda foi à praia, Di, tipo assim, estamos começando a nos despedir das férias. E minha mãe é tão louca, que nem começaram as aulas e ela já tá me mandando estudar, é mole?

A Rô ficou boa e também foi. Se bem que ela ainda está TOTALMENTE traumatizada, né? Eu tive que emprestar meu chapéu-barraca pra ela e ela se besuntou inteira de protetor solar. Ficou parecendo irmã da Mary Jane.

O Maurinho tava lá, sentou na minha canga e a gente ficou horas no maior papo. Foi maneiríssimo! Eu, tipo assim, amo conversar com ele, sabe. Mas é uma coisa de amigo. Amigo mesmo, sabe? Não rola azaração, ele é muito irado.

O Zeca também tava lá, com a Camila Pessegueiro, é claro... Cara, eles não desgrudam, a situação ali é punk! Ele olhou pra Rô e alguém disse que ela era irmã da Mary Jane, aí, eu meio que senti que ele lançou um olhar, tipo assim, estranho pra cima da Rô. A Rô teve que prender o riso. Eu, na boa, não senti uma ponta de ciúme... Já a Camila Pessegueiro... tipo assim, parece que bolou.

Começou a rolar um ciúme básico. Camila Pessegueiro armou uma tromba daquelas. Fala sério, cara, eu ia ter medo se eu namorasse uma garota que conseguisse armar uma tromba daquela, sabia? Mas o Zeca não deu a menor bola, daí a Camila, vendo que o Zeca tinha literalmente andado pra ela, ficou irritadaça e rolou o maior barraco, tipo assim, mico mesmo. Até que a Camila Pessegueiro ficou mal e puxou o bonde.

Cara, o maior babadão! O Zeca ficou lá, com cara de pastel, coitado. Daí, tipo assim, ele meio que veio vindo, querendo sentar na outra ponta da minha canga. Di, eu tipo assim, fiquei sem saber o que fazer. O Maurinho olhou esquisito pra ele e ele veio com aquela conversa mole de quem tá começando a cultivar uma puta dor-de-cotovelo. E ele veio se chegando, se chegando e aí, Di, quando eu vi, tava sobrando o maior pedação de canga, porque o Zeca tava superpertinho de mim. Cara, o Maurinho saiu malzaço.

Fiquei bolada, Di. Primeiro porque não esperava que o Zeca fosse entrar nessa, depois, tipo assim, eu fiquei com uma dúvida, será que o Maurinho ficou com ciúmes? Eu fiquei furiosa com o Zeca. Qual é?

Que papo brabo é esse de vir se chegando na minha canga?

Não vi mais o Maurinho. Cara, ele sumiu geral da praia e sabe uma parada sinistra? Eu descobri que sem ele, também não tava a fim de ficar na praia.

Di, tô com o maior medo! Será que estou me apaixonando por ele? Não sei se quero me apaixonar por alguém, Di. Me apaixonei uma vez e sofri muito. O Zeca deixou uma cicatriz muito sinistra no meu coração. Não que eu queira nada com ele, cara, mas doeu, doeu muito e quando me lembro fico muito bolada...

Será que o Maurinho vai me fazer sofrer, Di? Quantas dúvidas pra uma cabecinha só.

7 de março, sexta-feira

Di, sonhei a noite inteira com o Maurinho. Cara, bateu seqüela geral, sonhei que estava dormindo numa cripta de cristal, com uma capa de capuz vermelho e sapatinhos de cristal. Acho que fiz a maior mistura, né, Di?

Daí veio o Maurinho, e me deu um beijo na boca, mas cara, que beijo!!! Estilo desentupidor de pia, sabe? Aquele beijo bombado! Daí eu acordei, no sonho, mas fingi que ainda estava dormindo, tipo assim, pro beijo demorar mais. Fiquei achando que se eu abrisse o olho ele ia parar de me beijar e ninguém merece ficar sem aquele desentupidor, fala sério.

Acordei certa de que estava superapaixonada pelo Maurinho, Di. Seqüelei, fiquei malzaça, porque de repente me bateu a nóia: "Será que ele me considera só uma amiga?"

Di, não quero sofrer de amor de novo, já falei isso! Por que a gente tem que se apaixonar? Será que ele vai me querer? Será que ele vai gostar de mim? Será que ele beija que nem no sonho? Porque o moleque é muito meu amigo...

Fiquei tensa!

Minha mãe entrou no meu quarto toda animada. O norueguês mandou um e-mail dizendo que vem ao Brasil daqui a um mês. Eu tô aqui no maior sufoco, me descobrindo apaixonada, achando que minha mãe podia me dar uma força, mas não, ela só quer saber do norueguês. Cara, por que esse cara tinha que chegar logo agora? Fala sério.

Fiquei tão sensível que, pela primeira vez em anos, liguei pro meu pai e disse que queria sair com ele. Ele ficou meio bolado e não saquei muito bem por quê. Só quando encontrei com ele é que entendi.

Cara, meu pai voltou com a colombiana! Lembra, né? A tal que fala cuspindo? Então, a própria. Ninguém merece. Tudo bem que ela é até meio bonitinha, tem o olhinho puxado e tudo, mas falar cuspindo é sinistro. No jantar mesmo, quando ela se empolgava, eu tinha que esconder o rosto com as mãos. Meu pai já desenvolveu um método disfarçado de bloqueio de perdigotos voadores, mas a situação me pegou totalmente desprevenida e fiquei tentando driblar aquilo tudo sem parecer indelicada. Impossível!

Tive a maior peninha do meu pai. Pela primeira vez ele me fez uma confidência. Disse que a casa dele estava parecendo a Península Ibérica, pois como minha bisa ainda estava "ancorada em Lisboa" e falando como os portugueses, quando juntava com a Anita era um caos! Até Oswaldo se escondia embaixo da mesa.

Cara, ninguém merece uma madrasta desta!

Cheguei em casa e minha mãe, tipo assim, começou a me ignorar, fez que não me viu e o caramba. Morre de ciúmes quando procuro meu pai! Ela me diz assim: "Quem é que fica acordada a noite inteira quando você está doente? Quem é que senta pra estudar matemática com você (quase que eu digo: aquele mala daquele professor!)? Quem é que está ao seu lado quando você chora?" e num sei quê, num sei que lá...

Nesse dia eu mandei logo: "Era você, né, mãe! Não é mais, porque agora você só pensa no brega do norueguês. É Carl pra lá, Carl pra cá. E eu? Eu sou sua filha, tá legal? E eu tô mal. Tô precisando de mãe! Mas onde está minha mãe?"

Cara, ela seqüelou geral. Foi ficando vermelha, vermelha, vermelha e caiu no maior pranto, mano! Disse que acima de qualquer coisa era minha mãe, mas que eu tinha que sacar que ela também era mulher e tinha suas necessidades. Precisava de um carinho, de um afeto legal, num sei quê, num sei que lá. Resumo da história: ficamos eu e minha mãe chorando que nem duas bezerras desmamadas no meio da sala!

Di, esse momento aproximou a gente geral! Agora sei o quanto somos amigas! EU AMO MINHA MAMÃE!!!

8 de março, sábado

Passei a tarde encapando caderno! Minha mãe disse que os cadernos eram meus, que se eu já era uma mocinha pra me apaixonar, também era uma mocinha pra cuidar dos meus cadernos e livros. Uma hora ou outra minha mãe sempre acaba jogando na cara as paradas que eu conto pra ela.

Cara, fiquei mal! Como é que ela pode usar assim os meus sentimentos pra me obrigar a fazer uma coisa que só interessa a ela? O caderno é meu, isso eu sei, mas o interesse é dela, no sentido de conservar mais o caderno e ela não gastar mais dinheiro, a verdade é essa. Por mim, eu não encapava nada. Só as nerds têm caderno encapado. Caderno encapado é queimação TOTAL de filme.

Minha mãe, cara, tem medo que eu cresça, só pode ser, fala sério. Se bem que dizem que mãe é assim mesmo com filha mulher. De repente isso tem a ver com a parada da mãe ir ficando mais velha e a filha ainda estar gatinha, sabe. Sei lá. Se bem que minha mãe ainda é gata... quero dizer, uma gata meio passada mas ainda um tanto manhosa. Claro que já deveria estar dando umas mexidas aqui e ali, mas Di, na minha opinião. Se bem que ela já gasta uma boa parte da pensão, que é minha, comprando um monte de cremes. Já tive que dizer pra ela: "Qual é, mãe? Fala sério, daqui a pouco não tem mais espaço na bancada do banheiro nem pra minha escova de dentes!" E ela diz: "Deixa de ser exagerada, Tati. Quando você tiver a minha idade vai usar exatamente a mesma quantidade de cremes. Espera pra ver."

Minha raiva era tanta que a vontade era de dizer que

NÃO!!! EU NÃO IA PRECISAR DAQUELES CREMES TODOS PORQUE MINHA PELE É LINDA!!!! NÃO TIVE ACNE QUE NEM ELA NA ADOLESCÊNCIA!!! NÃO IA PRECISAR GASTAR UM DINHEIRÃO COMPRANDO ESSAS PORCARIAS! A PENSÃO DOS MEUS FILHOS IA SER SÓ DOS MEUS FILHOS!!!!

Mas achei melhor não falar nada.

Saudades do Maurinho.

10 de março, segunda-feira

Di, as aulas começaram hoje!

Claro que eu era a única com os cadernos encapados, o maior mico. Eu e a Lucíola Aguiar Campos Neves Guimarães Lousada. E não é bom ser comparada com a Lucíola. Ela vai pra escola com a vó, usa laço na cabeça, dorme às oito da noite, se duvidar ainda toma mamadeira. Eu ainda consegui me livrar dos decalques de florzinha que minha mãe queria colocar nas capas dos cadernos!

Tava todo mundo lá: a Rô, a Su, a Titi, o Pipoca, o Zeca, a galera toda. Pipoca quis sentar do meu lado. O moleque não desiste, fala sério.

No início fiquei meio de bode de ter que voltar às aulas, mas depois comecei a achar maneiro. Tava morrendo de saudades da galera e até de alguns professores, poucos...

✳ ✳ ✳ ✳ ✳

Di, tenho o maior segredo pra contar: a Su tá com o maior problemão, mas tipo assim, você tem que jurar que não conta pra ninguém, hein! É papo muito sério.

Ela começou a ter aula de vôlei na praia durante as férias. Porque, tipo assim, a Su cisma que com o tamanho que ela tem, ela precisa se dedicar a algum esporte de gente altona, tipo vôlei, basquete etc... tudo bem. Ela tentou o basquete mas descobriu que não tinha coordenação motora, daí resolveu tentar o vôlei, claro que não ia dar certo também, porque o problema dela é que ela e bola são incompatíveis, ela não leva jeito com a parada. Ela não consegue segurar uma bola, começa daí, arremessar uma bola então, fala sério.

Bom, daí ela conheceu um carinha que tava tendo aula, o Jair. Cara, vê se pode esse nome: Jair! E saca só o drama, esse é só o apelido, porque o nome dele mesmo é Jairon. Jairon, é mole? Tá de sacanagem... Su não quer que ninguém saiba desse detalhe. Mas dizem que o cara é superlegal e é um supergato. Pelo menos uma coisa compensa a outra! A Su tá superfeliz.

Nossa, meu coração está em festa! Festa é apelido, meu coração tá numa rave!

Sabe quem estava me esperando na porta da escola? O Maurinho.

Muito fofo! Ele foi me acompanhando até em casa!

Di, tô apaixonada!!! Será que ele também está? A Rô e a Titi disseram que é claro que ele está apaixonado por mim, só que ele é tímido e só vai chegar junto quando tiver certeza que estou a fim também. Cara, tipo assim, eu também sou meio tímida. Vai ficar nesse zero a zero pra sempre, então? A Titi disse que ia armar uma parada.

13 de março, quinta-feira

Di, vou te contar uma parada que, cara, tipo assim, eu meio que descobri hoje. Descobri não, hoje eu tive certeza.

Amo o Maurinho.Amo o Maurinho. Amo o Maurinho. Amo o Maurinho. Amo o Maurinho.Amo o Maurinho. Amo o Maurinho. Amo o Maurinho.Amo o Maurinho. Amo o

Maurinho. Amo o Maurinho. Amo o Maurinho. Amo o
Maurinho. Amo o Maurinho. Amo o Maurinho. Amo o
Maurinho. Amo o Maurinho. Amo o Maurinho. Amo o
Maurinho. Amo o Maurinho. Amo o Maurinho. Amo o
Maurinho. Amo o Maurinho. Amo o Maurinho. Amo o
Maurinho. Amo o Maurinho. Amo o Maurinho. Amo o
Maurinho. Amo o Maurinho. Amo o Maurinho. Amo o
Maurinho. Amo o Maurinho. Amo o Maurinho. Amo o
Maurinho. Amo o Maurinho. Amo o Maurinho. Amo o
Maurinho. Amo o Maurinho. Amo o Maurinho. Amo o
Maurinho. Amo o Maurinho. Amo o Maurinho. Amo o
Maurinho. Amo o Maurinho. Amo o Maurinho. Amo o
Maurinho. Amo o Maurinho. Amo o Maurinho. Amo o
Maurinho. Amo o Maurinho. Amo o Maurinho. Amo o
Maurinho. Amo o Maurinho. Amo o Maurinho. Amo o
Maurinho. Amo o Maurinho. Amo o Maurinho. Amo o
Maurinho. Amo o Maurinho. Amo o Maurinho. Amo o
Maurinho. Amo o Maurinho. Amo o Maurinho. Amo o
Maurinho. Amo o Maurinho. Amo o Maurinho. Amo o
Maurinho. Amo o Maurinho. Amo o Maurinho. Amo o
Maurinho. Amo o Maurinho. Amo o Maurinho. Amo o
Maurinho. Amo o Maurinho. Amo o Maurinho. Amo o
Maurinho.

20 de março, quinta-feira

Meu professor de matemática é um nerdão, Di. Um mala sem alça, sem fivela, sem zíper, sem nada! Odeio matemática!

Em compensação, o professor de história é irado! Maior gato, lindão e sabe tudo de história. Tô amarradona! A gente tá começando a estudar Egito e o Egito é assim um lance muito louco. Tinha cada faraó gato! E as mulheres? E as jóias, as roupas. Acho que a primeira coleção que fizer da minha grife vai ser inspirada na moda egípcia.

O Maurinho foi me buscar de novo na escola. Ele me deu um selinho, Di. Acho que ele tá a fim de mim, de verdade. Acho que agora ele vai criar coragem. A Titi disse pra ele que acha que eu tô a fim dele. Não abriu geral porque não é legal, né.

Deixa ir aos poucos... Tá bom assim. Eu também fico envergonhada.

Vou sonhar com o beijo dele, Di. Boa-noite.

30 de abril, quarta-feira

Ai, Di! Sei que o que eu fiz não foi legal. Fiquei mais de um mês sem falar com você, sem te contar nadinha, mas tenho certeza que você vai me entender...

Eu e o Maurinho estamos namorando! E ele é, tipo assim, muito absorvente. Ele tem um papo supercabeça, o que me dá um certo trabalho, sabe, Di. Tenho que ler jornal todo dia pra me manter informada, tenho que ver o canal de esportes pra estar por dentro daqueles 1.001 esportes radicais que tem agora.

Cara, como é estressante! É muita informação!

Mas o Maurinho é um fofo! Ele cuida de mim, ele me busca todo dia na escola...

Minha mãe tá morrendo de ciúmes, você pode imaginar, né, Di? Outro dia ela resolveu fazer uma surpresa e passou na escola pra me buscar e daí a gente ir almoçar fora. Quando chegou lá e viu o Maurinho amarrou uma tromba e foi embora dizendo que tava passando! Ninguém merece uma mãe ciumenta desse jeito.

Di, falo com você depois! O Maurinho tá chegando que a gente vai jogar frescobol na praia (esse namoro tá me deixando com a maior forma física).

Depois eu te conto dos beijos do Maurinho. Cada beijo, Di! NOOSSSAAA!!!!

Revisão
Sandra Pássaro
Taís Monteiro

Capa
inc. design editorial

Foto de capa
Zeca Fonseca

Editoração Eletrônica
FA Editoração

P446d

    Périssé, Heloísa

        O diário de Tati / Heloísa Périssé — Rio de Janeiro : Objetiva,
2003.

    126 p.   ISBN 85-7302-512-3

    1. Literatura brasileira – Humor. I. Título.

                                 CDD B869.7

Conheça mais sobre nossos livros e autores no site
www.objetiva.com.br

DISQUE-OBJETIVA 0800 224466 (ligação gratuita)

markgraph
Rua Aguiar Moreira, 386 - Bonsucesso
Tel.: (21) 3868-5802   Fax: (21) 270-9656
e-mail: markgraph@domain.com.br
Rio de Janeiro - RJ